Marcos Henrick Silva Siqueira

Português em Diálogos

EDITORA CIÊNCIA MODERNA

Português em Diálogos

Editor: Paulo André P. Marques
Produção Editorial: Dilene Sandes Pessanha
Capa: Daniel Jara
Diagramação: Daniel Jara
Copidesque: Equipe Ciência Moderna

FICHA CATALOGRÁFICA

SIQUEIRA, Marcos Henrick Silva.

Português em Diálogos

Rio de Janeiro: Editora Ciência Moderna Ltda., 2024.

1. Língua Portuguesa
I — Título

ISBN: 978-65-5842-335-5 CDD 469

Editora Ciência Moderna Ltda.
R. Alice Figueiredo, 46 – Riachuelo
Rio de Janeiro, RJ – Brasil CEP: 20.950-150
Tel: (21) 2201-6662/ Fax: (21) 2201-6896
E-MAIL: LCM@LCM.COM.BR
WWW.LCM.COM.BR **01/24**

Dedicatória

Dedico este livro à memória eterna de minha querida mãe Cícera Maria e de minha amada avó Maria das Dores, pessoas que sempre me ajudaram a crescer como ser humano.

Agradecimentos...

Agradeço a Deus por me conceder a força e a inspiração para fazer este livro, sem ele, eu não seria nada.

A minha amada irmã Pollianny Siqueira e ao meu pai Severino dos Ramos pelo apoio, pelo amor incondicional e por acreditar nos meus sonhos.

A minha noiva Andressa Maciel e sua família, por estarem ao meu lado, oferecendo apoio, compreensão e amor.

Aos meus amigos leais, César Annunciato, Igor Ferreira, Rui Quirino, Jhonatan Carvalho e Kaique Abreu, que sempre estiveram dispostos a ouvir minhas opiniões e ideias.

Ao professor Wagner Damásio pelas oportunidades trazidas.

Ao professor Marçal pelo companheirismo profissional.

Às irmãs Dona Marcia e Vera por me ajudarem no início da carreira.
Este livro não teria sido possível sem o apoio e a influência positiva de todos vocês. Muito obrigado por tudo.

Apresentação

O objetivo deste livro é abordar uma linguagem popular para que o aluno possa entender como as classes de palavras são cobradas nos concursos e vestibulares. A leitura não é rebuscada, há marcas de oralidade, como gírias e expressões populares, criando uma experiência literária que se assemelha à linguagem do dia a dia. Assim, a meta não é a formalidade, mas sim como o seu conteúdo pode ser entendido de uma maneira mais fácil. Por isso, optei por utilizar diálogos informais entre o professor(P) e o aluno(A). A razão é bastante simples: Eu acredito que a gramática não precisa ser um "bicho de sete cabeças", ela pode ser entendida por qualquer pessoa. No final da obra, tem uma lista de exercícios para que você possa treinar o seu estudo da morfologia.

Prefácio 1

(Professor Wagner Damazio)

Parabéns a você por adquirir uma obra, no mínimo, admirável!

Admirável não só por sua singularidade, por sua linguagem e por seu estilo próprio, mas também pela forma singela e ao mesmo tempo sofisticada de transferir uma carga de conhecimento intelectual tão grande e de forma tão acessível.

Sim, com muita tranquilidade, compartilho meu sentimento acerca desta obra: ela é superlativa.

Não é ousadia dizer que este será um dos livros que você terá em mente todas as vezes que lhe pedirem para citar um bom livro didático que você já tenha lido. Um livro candidato a ocupar a prateleira dos inesquecíveis. Seu autor - o jovem Marcos Henrick Silva Siqueira - dignifica Joaquim Nabuco e tantos outros imortais pernambucanos da Academia Brasileira de Letras ao produzir a obra Português em Diálogos.

A sensibilidade do Marcos Siqueira e a sua intensa preocupação com o compartilhamento eficiente do conhecimento ficam patentes no modo conversado pelo qual escreve sua obra.

Conhecedor das sinuosidades da língua portuguesa e da imensa dificuldade de compreensão aprofundada dela por nós brasileiros, o autor articula profundidade e leveza para brindar a literatura brasileira com um livro aspirante à obra de cabeceira entre estudantes, acadêmicos da língua e, especialmente, concurseiros em geral.

Com aguçada perspicácia e naturalidade, Marcos Siqueira constrói um *mentorado-aprendiz* e o impulsiona à compreensão das bases morfológicas da língua pátria.

O harmonioso e descontraído diálogo entre mentor e mentorado nos motiva a seguir entusiasmados na leitura do início ao fim.

Capítulo após capítulo, os objetivos do autor são alcançados com exímio êxito: a transferência do conhecimento e a evolução da aprendizagem daqueles que se permitirem navegar por este rio de conhecimento.

A mim resta apenas parabenizá-los pelas escolhas acertadas: ao Marcos Siqueira pelo altruísmo ao compartilhar o seu conhecimento; e a você, caro leitor, pelo inteligente investimento do seu tempo em percorrer as páginas desta obra em busca do aperfeiçoamento do seu conhecimento.

É provável que, tal qual fora o meu sentimento, ao final do livro você sinta um gostinho de quero mais. E, muito em breve, você e eu estaremos à espera de sermos atendidos em nosso desejo de mais diálogos tão instrutivos e inebriantes do saber. Afinal, quando a leitura é boa, não nos contentamos apenas com uma obra, desejamos o curso inteiro.

Prefácio 2

(César Annunciato)

A gramática em diálogos do Prof. Siqueira é algo inédito. Toda sua experiência na língua portuguesa foi estampada nesse livro. Além de ser um grande conhecedor da gramática, foi um aluno de sucesso que aprendeu de fato o que é estudar e tal fato o faz ter a real noção do que o aluno passa ao estudar. Quando o mestre entende o lado do aluno, o conhecimento passado é muito mais efetivo e é esse o objetivo deste livro. Não tenho dúvidas que essa gramática irá revolucionar o aprendizado da língua portuguesa e fará com que muitos alunos que sentem dificuldade nesse assunto tenham finalmente o auxílio crucial. Digo com propriedade que é de extremo valor o estudo deste livro, pois sou professor e trabalho diariamente ao lado do Prof. Siqueira e prezo muito pela didática e também pela visão empática na relação aluno professor, e sei que o Siqueira compartilha desse pensamento. Além de tudo, a gramática em diálogos fará do estudo um momento mais prazeroso. Tenho certeza de que será de grande valor para todo o cenário educacional.

Sumário

1. SUBSTANTIVO **1**

2. ARTIGO **29**

3. ADJETIVO **35**

4. PRONOMES **47**

4.1 Pronomes Pessoais 48

4.2 Pronomes de tratamento 53

4.3 Pronomes possessivos 55

4.4 Pronomes demonstrativos 57

4.5 Pronomes Indefinidos 60

4.6 Pronomes Relativos 61

4.7 Pronomes Interrogativos 62

5. VERBOS **65**

6. ADVÉRBIO **85**

7. CONJUNÇÕES **89**

8. PREPOSIÇÕES **93**

9. INTERJEIÇÕES **97**

Referências Bibliográficas **99**

SUBSTANTIVO

P: Vamos lá! Agora vamos estudar um dos assuntos mais importantes da gramática. Sabe por qual motivo? Pelo fato de encontrarmos substantivos em todos os lugares que você possa imaginar.

A: Como assim, mestre? Eu não entendi.

P: Está bem... vamos ver o conceito básico de substantivo, ok?

A: Tá bom.

P: Substantivo é a palavra que dá nome a coisas em geral, ou seja, pessoas, cidades, países, objetos e assim vai!

P: Agora você entendeu o fato de encontrarmos substantivos em todos os lugares?

A: Sim, mestre, que massa!

P: Vamos lá, no momento, eu estou no quarto escrevendo a minha gramática, então, eu tenho computador, mouse, mesa, papel, caneta e assim vai... se eu deixar, vou passar o dia todo aqui. Então, computador é uma coisa, não é? Agora veja a importância de darmos nomes a coisas, imagine se utilizássemos a palavra computador para tudo, mesa seria computador, livro seria computador, olha a confusão que iria causar, não é? Agora você já sabe o que é substantivo, meu colega. Agora mesmo quero que você olhe ao seu redor os substantivos e faça uma reflexão, ok?

A: Ok, mestre, olhei, eu vi vários! Enfim...vamos continuar?

P: Vamos, meu filho. Olha, vou aprofundar o conceito, ok?

A: Ok, mestre.

P: Substantivo é a palavra que dá nome a seres em geral, variando em gênero, número e grau.

A: Agora complicou, mestre!

P: Que nada, você vai ver como é fácil. Mas antes, eu quero que você saiba que o substantivo possui classificações. Vamos lá? O substantivo pode ser: Primitivo, derivado, simples, composto, comum, concreto e abstrato.

A: Mestre, não entendi!

P: Calma, meu jovem, vou explicar! Substantivo primitivo é aquele que não deriva de nenhuma palavra.

A: Como assim, mestre?

P: Pense na palavra "casa" e depois feche os olhos. Agora, imagine a palavra casa com os olhos fechados, ela deriva de alguma outra palavra?

A: Não, mestre!

P: Você está diante de uma palavra primitiva.

A: Entendi.

P: Agora, feche os olhos novamente e pense na palavra "pedrinha", ela deriva de alguma outra palavra?

A: Sim, mestre! Deriva de PEDRA!!

P: Excelente, meu jovem! Você acabou de entender o conceito de palavra derivada, ou seja, uma palavra que deriva de outra.

A: Entendi, mestre. Então... uma palavra derivada vem de uma primitiva?

P: Isso mesmo. Vamos continuar... a palavra simples é aquela que possui um só radical, já palavra composta possui mais de um radical.

A: Como assim, Marcos?

P: Quando você tem um conjunto de palavras e nesse conjunto de palavras, você tem um elemento em comum, eu vou chamar o termo de radical.

A: Ainda não entendi

P: Vou dar um exemplo!

A: Ok.

P: Pedrinha, pedreiro e pedra... qual o elemento em comum?

A: Mestre, pedr. Não é?

P: Excelente, meu jovem, você acabou de encontrar um radical. Logo, os três substantivos são simples, pois eles possuem um só radical.

A: Boa, mestre. O senhor pode dar um exemplo de substantivo composto?

P: Claro! Navio-escola, manga-rosa.

A: Quem seria os radicais ?

P: Navio (radical) + escola (radical); manga (radical) + rosa(radical).

A: Ah, massa! Agora entendi, mestre. Só vou ter substantivo composto com hífen, não é?

P: Não, meu caro!

A: Não ?

P: Veja o exemplo de " passatempo", eu tenho passa + tempo, palavra com mais de um radical, entendeu?

A: Matou a dúvida, mestre!

P: Ok, vou continuar, hein?

A: Pode continuar.

P: O substantivo comum é aquele comum a todos os seres...

A: Eu não entendi nada, professor.

P: Vou simplificar, ok? Pense no seguinte, eu gosto de dizer que o substantivo comum generaliza tudo!

A: Como assim?

P: Veja, se eu falo a palavra "cidade", eu estou generalizando as cidades, não é?

A: Sim, mestre! Tipo isso? São Paulo, Rio de Janeiro, Recife, Campinas, Barbacena?

P: Excelente, veja outro exemplo!

A: Seria bom, porque ainda não entendi perfeitamente.

P: A palavra "país" está generalizando, pois nós temos vários países. Imagine não ter a palavra países e você quisesse falar de todos, você precisaria escrever o nome de todos, iria ser cansativo! Não é?

A: Caramba, mestre! Agora eu vejo a importância, viu?

P: Pois é, vamos continuar?

A: Vamos.

P: Vamos estudar uma das partes mais importantes agora, hein? Você precisa aprender muito bem, ok?

A: Manda brasa, mestre!

P: Você sabe a diferença entre substantivo concreto e abstrato?

A: Essa eu sei, mestre. Concreto eu posso tocar, já o abstrato não!

P: Cuidado, meu caro, pelo amor de Jesus Cristo!

A: Fiquei até com medo

P: O substantivo concreto existe tanto no mundo real quanto no mundo da imaginação.

A: Como assim?

P: Calma, pense bem... o seu vizinho existe no mundo real?

A: Existe, mestre!

P: Então, ele é um substantivo concreto. A cadeira que você está sentado no momento existe no mundo real?

A: Claro, mestre, eu estou sentado nela.

P: Pergunta besta, concorda? Kkkkk.

A: Sim!

P: Agora o Curupira existe no mundo da imaginação?

A: Sim, mestre! Só na imaginação, folclore, não é?

P: Isso mesmo. Então, não posso afirmar o seu conceito, não é? Concreto eu posso tocar, como eu vou tocar no Curupira?

A: Nunca mais eu erro, mestre. Agora entendi!

P: Então nós temos substantivos concretos! Fico feliz por ter entendido. Vamos para o substantivo abstrato?

A: Bora!

P: O substantivo abstrato não tem forma concreta, ele precisa de outro ser para existir.

A: Não entendi foi nada, professor!

P: Ok, fique tranquilo. O substantivo abstrato indica ação, estado ou qualidade. Entendeu?

A: Ainda não, mestre.

P: Ok, veja o exemplo: O beijo do rapaz foi inesquecível. O substantivo "beijo" indica ação, estado ou qualidade?

A: Indica, mestre! Beijo lembra ação, não é isso?

P: Isso mesmo. Agora veja este exemplo: A tristeza da criança era notável. O substantivo " tristeza" lembra ação, estado ou qualidade?

A: Lembra estado, mestre! Até pelo fato de não ser permanente.

P: Boa, meu jovem. Veja mais este exemplo: A beleza da menina era perceptível. O substantivo beleza lembra ação, estado ou qualidade?

A: Mestre! Lembra uma qualidade!

P: Excelente, aluno. Resumindo agora, hein? Beijo, tristeza e beleza precisam de outro ser para existir?

A: Claro, mestre! Caso não tivesse uma pessoa, como poderia?

P: Agora você entendeu o conceito!

A: Partiu, estou gostando.

P: Sim, estou feliz, hein? Gostei do ânimo. Agora vamos falar das variações, beleza?

A: Ok, mas o que seria variações?

P: É aquilo que falei no início, ou seja, varia em gênero, número e grau.

A: hum...

P: Calma, vou continuar. O substantivo varia em gênero, ou seja, é utiliza-

do para classificar a palavra em masculina e feminina.

A: O senhor pode dar um exemplo?

P: Com toda certeza. Vamos usar a lógica... quando você sabe se uma palavra é masculina ou feminina?

A: Olhe... eu sempre vejo o artigo, se for "a", eu digo que é feminina, se for " o", eu digo que é masculina.

P: Excelente, guerreiro! Não necessariamente um artigo, não é? Um pronome, um numeral e assim vai!

A: Professor, o meu exemplo é o aluno ou a aluna.

P: Parabéns pelo exemplo, vou colocar um também: Aquele estudante ou aquela estudante. Viu como eu consigo identificar o gênero por causa do " aquele ou aquela" numa mesma palavra, ou seja, a palavra estudante?

A: Entendi, professor!

P: Vou aprofundar mais, ok?

A: Ok!

P: Quanto ao gênero, os substantivos podem ser biformes ou uniformes.

A: O que danado é isso?

P: Calma, homem de Deus, deixe de agonia, vou explicar. O substantivo biforme apresenta duas formas, ou seja, uma forma para o masculino e outra para o feminino.

A: O senhor poderia dar um exemplo?

P: Claro, jovem. Veja o exemplo de boi e vaca, certo? Eu apresento duas formas, uma para o masculino e outra para o feminino, ou seja, boi é masculino e vaca é feminino. Entendeu agora?

A: Agora ficou ótimo, pode continuar, prof.

P: Perfeito. Vou colocar uma listinha básica aqui, ok?

A: Está certo, professor, agradeço.

Papa	Papisa
Poeta	Poetisa
Ateu	Ateia
Oficial	Oficiala
Judeu	Judia
Bode	Cabra
Cão	Cadela
Cavalo	Egua
Frei	Sóror
Cavaleiro	Amazona

P: Só para lembrar uma coisa, ok? Substantivos biformes com radicais diferentes são chamados de heterônimos. Posso continuar ou está difícil?

A: Está difícil nada, professor, vá simbora!

P: Eu vou! Os substantivos uniformes são aqueles que apresentam uma única forma para os dois gêneros.

A: Explique isso aí direito, professor, ainda não entrou.

P: Ok. Ele apresenta uma só forma, meu caro, vou dar um exemplo para ficar melhor. Veja a palavra dentista!

A: Eu estou vendo, qual o problema?

P: A palavra " dentista" apresenta uma só forma, ou seja, tanto para o masculino, quanto para o feminino!

A: Ahhhh, o dentista para o masculino e a dentista para o feminino, ou seja, uma só palavra que seria dentista. Não é isso?

P: Ave maria, fiquei até arrepiado, é isso mesmo, aluno. Vou aprofundar um pouco mais!

A: Tá bom... pra cima!

P: Vou classificar os substantivos uniformes em epicenos, comuns de dois gêneros e sobrecomuns!

A: Minha nossa senhora, conte mais!

P: Calma, deixe de coisa!

A: Estou calmo.

P: Ok. O substantivo epiceno é usado para designar animais!

A: Como assim? Agora não entendi foi nada!

P: Como não? Você sabe o que é animal?

A: Claro que sei. Cobra, por exemplo!

P: Bom exemplo, cobra é um substantivo epiceno. A distinção do gênero é por meio das palavras macho ou fêmea. Entendeu?

A: Ahhhhhh! A cobra macho ou a cobra fêmea?

P: Isso mesmo! Veja estes exemplos: Onça macho e onça fêmea / tatu macho/ tatu fêmea.

A: Meu jesus, não sabia disso!

P: Agora você sabe e vai arrebentar nas provas. Vou continuar, ok?

A: Precisa nem perguntar.

P: Está certo, fique irritado não!

A: kkkkkk

P: Quando a distinção do substantivo uniforme for feita por um artigo, numeral, pronome ou adjetivo, eu vou dizer que o substantivo é comum de dois gêneros.

A: O senhor vai dar exemplo?

P: Vou sim. Dois estudantes ou duas estudantes! Entendeu? Eu usei o numeral para diferenciar o gênero.

A: Entendi agora! Dois estudantes para o masculino e duas estudantes para feminino!

P: Excelente, aluno! Vou colocar uma tabelinha!

O agente	A agente
O doente	A doente
O cliente	A cliente
Aquele gerente	Aquela gerente
Esse pianista	Essa pianista
Bom chefe	Boa chefe
Bom artista	Boa artista

P: Posso continuar?

A: Claro que sim!

P: A distinção de gênero do substantivo sobrecomum não é feita por determinante e depende da situação.

A: Agora que não entendi nada! Primeiro, que danado é determinante?

P: É só um nome bonito para juntar algumas classes gramaticais, ou seja, determinante = artigo, adjetivo, pronome e numeral.

A: Entendi, mas pode explicar mais o sobrecomum?

P: Calma! Vou explicar mais!

A: Explique.

P: Tudo vai depender de quem esteja escrevendo ou de quem esteja falando. Quando eu digo a palavra vítima, você sabe o gênero? Ou você consegue identificar por meio de determinante?

A: Não, professor! Eu não consigo! O vítima ou a vítima... fica estranho!

P: Pois é, tudo vai depender da frase. Vou colocar um exemplo e você vai entender. Veja: Ele foi vítima de homicídio qualificado. Qual o gênero de vítima?

A: Mestre, ele faz referência ao pronome ele, então o gênero é masculino.

P: Boa, jovem. Veja este exemplo: Fernanda é meu ídolo.

A: Ah, agora eu sei, ídolo faz referência a Fernanda, então é feminino. Logo, o substantivo sobrecomum não varia, certo?

P: Perfeito!!! Parabéns. Não faria sentido dizer que é minha ídola. Ok?

A: Isso mesmo!

P: Agora já que você já sabe o conceito de substantivo biforme e uniforme, eu quero que você aprenda a tabela que vou colocar, ok?

A: Por qual motivo?

P: Porque cai nos concursos, caramba!

A: Tá bom, mestre, desculpa.

P: Relaxa, estou brincando kkkk.

SUBSTANTIVOS FEMININOS	SUBSTANTIVOS MASCULINOS
Cataplasma	Eclipse
Cal	Plasma
Omoplata	Dó
Dinamite	Champanha
Comichão	Telefonema
Libido	Clã

P: Para finalizar a parte de gênero, eu quero que você saiba a importância dos substantivos heterossêmicos nos concursos.

A: O que é isso? Mais coisa?

P: Calma, é coisa rápida.

A: Ok...

P: Substantivos heterossêmicos são aqueles que mudam o significado quando você muda o gênero.

A: Explica mais isso, não entendi.

P: Ok, vou dar um exemplo. Quando eu digo a palavra " cabeça", o cabeça do time. Qual o significado?

A: Ele é o líder, não é isso?

P: Isso mesmo! E quando eu falo: Ela usou um laço na cabeça?

A: Significa parte do corpo humano.

P: Isso mesmo! Veja que variei o gênero e mudou o sentido!

A: Isso mesmo, são heterossêmicos, não é?

P: Excelente, aluno. Vou mandar uma listinha, pois cai muito nos concursos, ok?

A: Pode mandar!

O capital: dinheiro	A capital: cidade
O grama: unidade de medida	A grama: capim
O guia: pessoa	A guia: documento
O rádio: aparelho	A rádio: estação
O violeta: cor	A violeta: flor
O moral: estado de espírito	A moral: ética

P: Terminamos a parte de gênero, ok? Agora vamos para flexão de número.

A: Ok, mestre. Estou cansado.

P: Vá tomar uma água e volte, vá!

A: Já bebi.

P: Ok. Vou continuar.
P: Vamos estudar a flexão de número.

A: O que é isso?

P: É só você pensar em singular ou plural, ok?

A: E só isso?

P: Sim. Agora, quando eu falo que o substantivo varia em número, eu estou dizendo que ele pode ficar no singular ou no plural.

A: Ahh, um exemplo seria casa/casas?

P: Isso mesmo, meu jovem amigo. É quando você coloca um "s" no final, não é?

A: Isso mesmo, professor Marcos, aprendi assim!

P: Porém... tome cuidado, ok? Nem sempre é apenas acrescentar só um "s" no final da palavra, ou seja, o plural da palavra anzol é anzóis e não anzols.

A: Entendi, mestre, faz sentido mesmo.

P: Ok. Vou continuar para não perdermos o raciocínio.

A: Ok!

P: Eu gosto de dividir o plural dos substantivos simples e plural dos substantivos compostos!

A: Ahhh, simples é um só radical e composto é mais de um radical, não é?

P: Isso mesmo. Vamos olhar primeiro os substantivos simples, ok?

A: O senhor é quem manda!

P: Tá kkkk... vou colocar uma tabela com regras para você memorizar, ok?

A: Caramba, prof., mais uma vez memorizar?

P: Acontece. Enfim, se você encontrar um substantivo terminado em vogal, ditongo oral ou consoante n, você coloca o "s" no final, ou seja, aquela regra básica que aprendemos desde criança.

Vogal: Porta/portas
Ditongo oral: Mão/mãos
Consoante n: Elétron/elétrons

A: Entendi, professor, então automaticamente quando colocamos o plural nessas palavras, estamos seguindo uma regra?

P: Isso mesmo kkkkk... temos uma regra para isso!

A: Beleza.

P: Vou continuar!

A: Ok.

P: Se um substantivo for terminado em m, você troca o m por ns.

A: Entendi, ou seja, armazém/armazéns ou homem/homens?

P: Excelente, meu jovem aluno! Você está entendendo bem!

A: Obrigado, mestrão.

P: Ok. Se você encontrar agora um substantivo terminado em r ou z, você acrescenta "es" no final da palavra!

A: Agora vou dar exemplos! Colher/colheres ou raiz/raízes?

P: Excelente, meu jovem aluno prodígio!

A: Não fala assim, mestre, eu sou tímido.

P: Vamos continuar!

A: Mais regras?

P: Mais regras! Mantém.

A: Mantém...

P: Se você encontrar um substantivo terminado em al, el, ol ou ul, você vai trocar o l por is. Vamos lá!

Quintal/quintais	Anel/anéis	Girassol/girassóis	Azul/azuis

A: E só isso, mestre?

P: Pior que não kkkkk... há exceções: Mal/ males e cônsul/ cônsules!

A: E como eu faço para decorar?

P: Você precisa dar um jeito!

A: Tá bom, tanta coisa para decorar, aí o senhor coloca mais isso.

P: Não sou eu, meu jovem.

A: Eu sei, só estou sofrendo, mas continue.

P: Ok. Agora, se você encontrar um substantivo terminado em il, você precisa ficar atento, ok? Caso seja uma palavra oxítona, você troca o il por is. Ok?

A: Ok.

P: Porém, se for uma palavra paroxítona, você troca o il por eis.

A: Que negócio mais decoreba, meu deus!

P: Sustenta! Está acabando! Vou colocar uma tabelinha!

Oxítona: fuzil/fuzis; juvenil/ juvenis
Paroxítona: réptil/répteis; míssil/ mísseis

A: Só isso? Ou há mais coisas?

P: Não é só isso kkkkkk.

A: Não aguento mais.

P: Vá tomar uma água e depois volte. Continuando... há exceções: as palavras reptis e projetis estão corretas!

A: Ave maria! Há mais?

P: Há!! E memorize. Sério mesmo, é a parte mais chata de memorizar em substantivos, fique calmo. Enfim, se tiver um substantivo terminado em x, ele fica invariável!

A: Como assim? Fica do mesmo jeito?

P: Isso mesmo, fica do mesmo jeito!

A: Um exemplo seria o látex/os látex?

P: Isso! Para diferenciar, você olha para o artigo o/ os no exemplo.

A: Massa!

P: Massa. Se o substantivo for terminado em s, teremos duas situações.
Se for um substantivo monossilábico ou oxítono, aí você adiciona "es" no final
Se for um substantivo paroxítono ou proparoxítono, aí fica invariável!

A: Tem tabela?

P: Tem!

Oxítono: Retrós/retroses
Monossilábico: ás/ases
Paroxítono: O lápis/os lápis
Proparoxítono: Aquele ônibus/aqueles ônibus

P: Vamos para a última regra, ok?

A: Ainda há mais?

P: Há mais uma regra em relação aos substantivos simples!

A: Ok...

P: Vamos! Está acabando, jovem!

A: Não aguento mais, mas continue, vá...

P: Se o substantivo for terminado em ão, o que podemos fazer?

A: Eu não sei não, estou de saco cheio já.

P: Eu sei, é muita regra, mas calma. Você pode substituir por ões, ães, ãos.

A: Tabela

P: Vou Jogar uma tabela!

Aes: Capitão/capitães
Oes: Ação/ ações
Aos: cidadão/ cidadãos

A: Eu preciso adivinhar qual eu vou utilizar? Eu não posso falar cidadões, pois está errado, então...como eu vou saber?

P: Ahh!!!! Meu jovem !!!!! Quanto mais você decorar, mais você estará preparado. Infelizmente não há bizu para isso. Agora! Eu vou colocar uma tabelinha que você precisa saber para o seu concurso, ok?

A: Ok.

P: A tabelinha é baseada nas provas anteriores, beleza?

A: Beleza.

Anão : anões e anãos
Ancião: anciãos, anciões e anciães
Vulcão: vulcãos, vulcões
Cirurgião: cirurgiães, cirurgiões
Aldeão: aldeãos, aldeões, aldeães

P: Vamos dar uma olhada no plural dos substantivos compostos?

A: Perfeito, mestre, não é aquele com mais de um radical?

P: Isso mesmo, meu jovem, vamos lá. O plural dos substantivos compostos é uma loucura, sabe por qual motivo? Porque os estudiosos pensam de forma diferente, ou seja, há divergência de opiniões, mas vamos lá. Se eu tenho um substantivo composto sem hífen, eles formam o plural como se fossem um substantivo simples, ok?

A: Não entendi, mestre, como assim?

P: Vou dar um exemplo.
P: Aguardente é a junção de água e ardente, não é?

A: Sim, mestre, ou seja, um substantivo composto, pois há mais de um radical.

P: Tirou onda, meu caro. Veja que é um substantivo composto sem hífen, logo vou fazer o plural como se ele fosse um simples, então seria aguardentes.

A: Ahhhhh!!! Massa! Lobisomem (lobo + homem) seria lobisomens?

P: Isso mesmo, agora você entendeu.

A: Está safo, mestre, continue!

P: Excelente!

A: Mestre! Se eu tiver um composto com hífen?

P: Calma que eu vou explicar!

A: Explique.

P: Se você encontrar um substantivo, adjetivo ou numeral nos radicais dos substantivos compostos, eles vão para o plural, ok?

A: Ok.

P: Agora, se você encontrar um prefixo ou advérbio nos radicais dos subs-

tantivos compostos, eles ficaram no singular, ou seja, não variam.

A: O que danado é adjetivo ou advérbio?

P: Minha nossa, agora vem a parte chata, pois você ainda não estudou adjetivo ou advérbio, ok?

A: E agora?

P: Calma, só não tem solução para morte. Vou falar o básico, porém depois vamos aprofundar os assuntos.

A: Está certo!

P: Veja a palavra carta-bilhete. Carta é um substantivo e bilhete é um substantivo, logo os dois variam!

A: O plural ficaria cartas-bilhetes?

P: Isso mesmo, mais uma! Olhe a palavra tenente-coronel. Tenente é um substantivo e coronel é um substantivo, portanto os dois variam!

A: Entendi! Tenentes-coronéis?

P: Excelente. Vou passar a fórmula, hein?

A: Passe, mestre!

P:

Substantivo + substantivo
Substantivo + adjetivo
Numeral + substantivo

P: O que vai acontecer?

A: Todos variam, mestre!

P: Excelente. A última, hein? E Alto-relevo?

A: Alto é adjetivo, pois dá uma qualidade ao substantivo relevo!

P: Isso mesmo, logo os dois vão para o plural!

A: Isso! Altos-relevos.

P: Vou passar o próximo bizu, ok?

A: Tranquilo.

P: Se eu tiver verbo + substantivo; advérbio + adjetivo/prefixo + substantivo, somente o substantivo e o adjetivo vão variar.

A: Agora não entendi mais nada, mas verbo não é uma palavra variável na língua?

P: Meu jovem, quando você encontrar verbo + substantivo, ele não varia, o verbo vai ficar quietinho, ok?

A: Beleza, professor!

P: O plural de guarda-chuva é guarda-chuvas, pois guardar é um verbo e chuva é um substantivo, ou seja, o verbo fica no singular. Já o plural de guarda-marinha é guardas-marinhas!

A: Como assim? Guardar não é verbo?

P: Calma! Guarda é uma pessoa, ou seja, um substantivo!

A: Que pegadinha, mestre, não caio mais!

P: Não caia. Veja agora que o plural de ex-aluno é ex-alunos, pois ex é um prefixo e aluno é um substantivo.

A: Entendi, mestre, a regra ficou na minha cabeça.

P: Excelente, então vou continuar.

P: Há outra regra chata, mas você precisa saber, ok? Quando o segundo é um substantivo e especifica o primeiro, só o primeiro varia.

A: Entendi foi nada agora!

P: Vou dar um exemplo. O plural de navio-escola é navios-escola, pois escola especifica o tipo de navio, ok?

A: Estou entendendo, dê mais um exemplo, por favor.

P: O plural de salário-família é salários-família, pois família determina o tipo de salário, entendeu?

A: Entendi, professor...eu poderia dizer que o plural de navio- escola seria também navios-escolas, pois navio é um substantivo e escola é um substantivo?

P: Perfeito, meu nobre! Isso gera uma confusão tremenda entre autores, mas eu tenho uma notícia muito boa, sabe qual?

A: Diga logo.

P: Para os concursos, os dois estão certos, então você precisa saber os dois. Porém... tome cuidado com certas bancas, pois elas consideram apenas que o segundo especifica o primeiro, como as bancas da Marinha do Brasil.

A: Isso é bom.

P: É sim, você vai saber mais.

A: Aham!!!! Bom é viajar e curtir, professor.

P: Um dia você viaja. Tudo no seu tempo, vamos estudar!

A: Vamos.

P: Mais uma regra. Quando os termos se ligam por preposições, só o primeiro varia.

A: Como assim?

P: O plural de pimenta-do-reino é pimentas-do-reino, pois há uma preposição.

A: O plural de água-de-colônia seria águas-de-colônia, porque há preposição?

P: Isso mesmo, você pegou o bizu. Agora, se eu tiver palavras repetidas ou que dão uma ideia de som, somente o último elemento varia.

A: Entendi, professor, o senhor pode dar um exemplo?

P: Claro! O plural de pisca-pisca seria pisca-piscas, pois há palavras repetidas, como também o plural de bem-te-vi é bem-te-vis, porque dá uma ideia de som. Agora, só quero deixar mais uma informação, quando tiver uma palavra com elementos iguais e esses elementos são verbos, ou seja, verbo + verbo, alguns gramáticos consideram que os dois elementos variam.

A: Mestre, então pisca-pisca poderia ser piscas-piscas também?

P: Isso mesmo, ok?

A: Anotado!

P: Só quero deixar uma última regra!

A: Mais uma última regra?

P: Quando tiver uma palavra composta por verbos que possuam significados opostos, a palavra ficará invariável.

A: O senhor pode dar um exemplo?

P: Claro! O vai-volta ou os vai-volta!

A: Entendi, mestre, muito obrigado!

P: Por nada. E para finalizar a parte de substantivo, vou falar sobre o grau.

A: Ok, mestre.

P: O grau dos substantivos dificilmente cai em concursos, mas é importante saber!

A: Pode falar.

P: A propriedade do substantivo sofrer variações de tamanho, eu vou chamar de grau.

A: Entendi, mestre. Continue.

P: Ok. Eu posso ter o grau aumentativo ou diminutivo.

A: Continue, rapaz.

P: O grau aumentativo indica um tamanho maior do que o normal. Já o grau diminutivo indica um tamanho menor do que o normal.

A: Um exemplo seria livro, livrinho e livrão?

P: Isso mesmo, meu caro!
P: Casarão é o aumentativo de casa e casinha é o diminutivo de casa.

A: Perfeito, bem tranquilo!

P: Isso. O grau pode ser sintético ou analítico. O grau Analítico é quando você precisa de um adjetivo. Já o sintético é quando precisa de um sufixo.

A: Pode explicar?

P: Posso! Casa pequena indica um grau diminutivo analítico, pois ele precisa do adjetivo pequena, ok?

A: Ok!

P: Casinha indica um grau diminutivo sintético, pois eu usei um sufixo. Eu gosto de dizer que sintético é uma palavra só e analítico é um conjunto.

Sintético: uma só palavra (casinha)
Analítico: um conjunto (casa + pequena)

A: Entendi, mestre, obrigado!

P: Por nada, finalizamos a parte de substantivos, ok?

A: Ok, mestre!

P: Quero apenas deixar uma última consideração, o estudo dos substantivos coletivos.

A: Bem lembrado, mestre.

P: Pois é! Vou colocar uma tabela dos principais substantivos coletivos! Quanto mais você decorar, mais você ficará preparado em relação aos seus concorrentes!

SUBS. COLETIVOS	
Alcateia	De lobos
Arquipélago	De ilhas
Banca	De examinadores
Bando	De aves, de pessoas, de malfeitores
Cáfila	De camelos
Cancioneiro	Conjunto de canções, de poesias líricas
Cardume	De peixes
Chusma	De gente, de pessoas
Corja	De vadios, de tratantes, de velhacos, de ladrões
Elenco	De Atores
Farândola	De ladrões, de desordeiros, de assassinos, de maltrapilhos, de vadios
Feixe	De lenha, de capim
Girândola	De foguetes
Junta	De bois, de médicos, de credores, de examinadores
Magote	De pessoas, de coisas

Manada	De bois, de búfalos, de elefantes
Matula	De vadios, de desordeiros
Molho	De chaves, de verdura
Ninhada	De pintos
Quadrilha	De ladrões, de bandidos
Ramalhete	De flores
Récua	De bestas de carga
Roda	De pessoas
Talha	De lenha
Vara	De porcos
Armento	De gado grande: bois, búfalos
Atilho	De espigas
Banda	De músicos
Cacho	De bananas, de uvas
Cambada	De malandros
Caravana	De viajantes, de peregrinos, de estudantes
Choldra	De assassinos, de malandros, de malfeitores
Constelação	De estrelas
Coro	De anjos, de cantores
Falange	De soldados, de anjos
Fato	De cabras
Frota	De navios mercantes, de autocarros
Horda	De povos selvagens nômades, de desordeiros, de aventureiros, de bandidos, de invasores
Legião	De soldados, de demônios
Malta	De desordeiros
Matilha	De cães de caça
Mó	De gente
Multidão	De pessoas
Plêiade	De poetas, de artistas
Romanceiro	Conjunto de poesias narrativas

Rebanho	De ovelhas
Réstia	De cebolas, de alhos
Súcia	De velhacos, de desonestos
Tropa	De muares

ARTIGO

P: Vamos estudar a parte de artigo agora!

A: Vamos lá, mestre, estou animado!

P: Excelente, vamos vibrar. O artigo é uma classe gramatical que possui o objetivo de acompanhar o substantivo, ou seja, os artigos se antepõem ao substantivo para determiná-lo ou para indeterminá-lo.

A: Entendi, mestre, não é aquele negócio de o, a, os, as?

P: É por aí, vou explicar mais.

A: Por favor!

P: Os artigos fazem concordância com substantivo. Sabe qual concordância?

A: Não, mestre!

P: Concorda em gênero e número, meu jovem.

A: Ahhhhh!!! Masculino/feminino e singular/plural?

P: Vejo que você está afiado!

A: Obrigado, mestre.

P: O artigo pode ser classificado em definido ou indefinido! Anote!

A: Anotado, mestre.

P: Artigo definido é usado para determinar os seres, ou seja, individualizar o ser.

Artigo indefinido é usado para indeterminar os seres, ou seja, generalizar o ser.

A: Não estou entendendo, professor.

P: Calma, vou explicar mais. Vou dar um exemplo! O aluno estava jogando na sala, estou individualizando ou generalizando o aluno?

A: Individualizando, mestre, pois é um aluno específico!

P: Excelente! Um livro foi vendido na loja, estou especificando?

A: Não, mestre! Pode ser qualquer livro!

P: Caramba, parabéns, gostei!

A: Obrigado, professor.

P: Para ficar mais fácil, vou passar a listinha, ok?

A: Ok, mestre!

	Masculino singular	Feminino singular	Masculino plural	Feminino plural
Artigo definido	o	a	os	as
Artigo indefinido	um	uma	uns	umas

P: Agora você já sabe!

A: Agora sim, mestre! Nunca mais eu esqueço!

P: Só quero deixar uma coisa bem clara aqui!

A: Então diga, professor.

P: O artigo se antepõe a um substantivo, mas nem sempre ele vai ficar necessariamente "colado" no substantivo.

A: Ave maria, como assim?

P: Calma! É tranquilo. Vou dar um exemplo! O menino comprou um bolo. Na frase, o artigo está diretamente ligado ao substantivo menino?

A: Está sim, mestre, está bem pertinho!

P: Isso mesmo. Vou dar mais outro exemplo! O seu belo livro estava na sala. Na frase, o artigo O está perto ou longe do substantivo livro?

A: Está longe, professor, entre o artigo e o substantivo há duas palavras (seu e belo).

P: Isso mesmo! Qual a moral da história?

A: Professor, nem sempre o artigo ficará diretamente ligado ao substantivo, mas, independentemente, da sua posição, ele vai determiná-lo ou indeterminá-lo!

P: Excelente, meu jovem aluno. Agora, Vamos ver os casos que não podem utilizar o artigo, ok?

A: Ok, mestre. Cai nos concursos?

P: Cai não, despenca, meu filho!

A: Vamos lá?

P: Vamos!

Caso 1: Jamais você vai colocar artigo após o pronome cujo e variações. Exemplo: Esse é o jovem cujo tio esteve aqui hoje.
Caso 2: Jamais você vai colocar artigo antes de pronomes de tratamento, com exceção de senhor, senhora, senhorita. Exemplo: Durante o jantar, houve críticas sobre Vossa Alteza.
Caso 3: Antes da palavra casa, quando o domicílio for de quem fala ou escreve. Exemplo: Hoje eu ficarei em casa, porque meus amigos estão chegando de viagem.
Caso 4: Antes da palavra terra usada em oposição a bordo. Exemplo: Os marinheiros desembarcaram em terra para beber vinho no porto.

P: Entendeu?

A: Entendi, mestre, está tranquilo!

P: Antes de começar um novo assunto, eu quero que você saiba de uma coisa.

A: Pode falar, mestre!

P: O uso do pronome depois de todo ou toda.

A: Cai no concurso?

P: Ave maria, cai muito. Preste atenção!
P: Se todo der uma ideia de totalidade, inteiro, você usa o artigo. Agora, se todo der uma ideia de qualquer, você omite o artigo, ok?

A: Ok, meu mestre!

P: Veja este exemplo: Todo o Estado comemorou a vitória do candidato. Qualquer Estado ou o Estado inteiro?

A: O Estado inteiro comemorou, mestre!

P: Excelente, por isso eu usei o artigo. Vou jogar mais um exemplo. Todo Estado possui a sua administração independente. Qualquer Estado ou Estado inteiro?

A: Professor, agora é qualquer Estado possui a sua administração independente.

P: Excelente, por isso eu omiti o artigo, ok?

A: Ok, mestre!

P: Finalizamos a parte de Artigo, agora vamos estudar adjetivo!

ADJETIVO

P: Vamos agora estudar a parte dos adjetivos, ok?

A: Tranquilo, mestre, sempre tive dificuldade no assunto.

P: Então fique calmo, pois estou aqui para ajudá-lo.
P: Adjetivo é a palavra que caracteriza o substantivo, atribuindo-lhe, por exemplo, uma qualidade ou estado.

A: Ainda não entendi, mestre.

P: Calma, jovem, deixe de agonia.

A: Perdão. Continue, mestre.

P: Sabe aquele professor muito bom que você gosta muito?

A: Sim, mestre, o senhor!

P: Duvido. Vamos lá, se você acha um professor muito bom, você acabou de atribuir uma qualidade a ele, a qualidade de "bom", ou seja, temos um adjetivo qualificando o substantivo professor!

A: Ah, agora estou entendendo!

P: Ok, vou continuar. Os adjetivos possuem classificações.

A: Lá vem o lance de ficar decorando, não aguento mais!

P: Calma, caro aluno. Elas são parecidas com as classificações dos substantivos!

A: Simples, composto e assim vai?

P: Isso. Eu posso ter um adjetivo simples, composto, primitivo e derivado.

A: Entendi, mestre!

P: Eu não vou explicar novamente, ok? Caso você tenha esquecido, volte lá em substantivo.

A: Tranquilo, mestre, continue!

P: Vou dar exemplos!

Simples: Casa bonita
Composto: Casa azul-celeste
Primitivo: Homem leal
Derivado: Homem desleal

P: Entendeu?

A: Agora ficou 10, mestrão, pode continuar.

P: Ok. Os adjetivos podem variar em gênero, número e grau.

A: Aquele mesmo esquema dos substantivos?

P: Sim, jovem, isso mesmo!

A: Gênero é masculino/ feminino; número é singular ou plural; grau é aumentativo e diminutivo?

P: Mais ou menos isso daí! Só vamos aprofundar mais um pouco na parte do grau, ok?

A: Ok, professor!

P: Os adjetivos podem ser uniformes e biformes.

A: Mesma situação dos substantivos?

P: O que você acha?

A: Eu acho que sim.

P: Acertou! Agora só não existe aquela classificação específica dos uniformes.

A: Uniforme apresenta uma só forma para ambos os gêneros e biforme apresenta duas formas?

P: Isso mesmo! Eu vejo que você estudou bem!

A: Obrigado, mestre!

P: Continuando. Veja este exemplo: Homem fiel e mulher fiel. Apresenta uma só forma tanto para o masculino quanto para o feminino?

A: Sim, mestre.

P: Excelente! Homem estudioso e mulher estudiosa. Temos duas formas para cada gênero?

A: Sim, professor, estudioso para masculino e estudiosa para feminino.

P: Excelente! Vou colocar aqui uma tabelinha, ok?

A: Ok, mestre!

ADJETIVOS SIMPLES (FORMAÇÃO DO FEMININO)
1. Se o adjetivo for terminado em o, eu troco por a
Bonito / bonita
Estudioso / estudiosa
2. Se o adjetivo for terminado em ês, or e u, eu acrescendo a
Freguês / freguesa
Sedutor / Sedutora

Cru / Crua
Há algumas exceções, como incolor, cortês e entre outros, pois são palavras invariáveis
3. Se o adjetivo for terminado em eu, troca por eia
Europeu / Europeia
Ateu / ateia
Exceção: judeu/judia
4. Se o adjetivo for terminado em ão, o feminino poderá ser terminado em ã e ona.
Cristão/ Cristã
São/ sã
Brincalhão/ brincalhona

A: Entendi, mestre, obrigado, eu preciso decorar?

P: Não decore! Aprenda. Com o tempo, fica no automático. Agora, vamos estudar a formação do feminino nos adjetivos compostos.

A: Adjetivo composto é aquele que possui mais de um radical?

P: Excelente, aluno! Continue estudando!

A: Partiu!

P: É muito fácil, pois somente o último elemento recebe terminação feminina.

A: Calma!! O primeiro elemento fica do jeito que está?

P: Do jeitinho que está, você não vai mexer!

A: Entendi.

P: Vou dar um exemplo!

A: Dê.

P: O casaco castanho-claro e a blusa castanho-clara. Você percebeu que mudei para o feminino e apenas o segundo elemento sofreu variação? Claro/ clara.

A: Percebi, mestre, vou dar o meu exemplo, eu posso?

P: Mande bronca!

A: Socioeconômico e socioeconômica... acertei?

P: Claro! Socio + econômico, ou seja, um adjetivo composto.

A: Sim!

P: Quem varia? O último elemento que é econômico!

A: Agora está tranquilo, professor, nunca mais erro!

P: Excelente!

A: Há exceção?

P: Boa pergunta, porque há exceção!

A: Eita... lá vem!

P: Calma, lembre-se de <u>surdo-mudo</u>, pois essa palavra é clássica nos concursos. <u>Surdo-mudo</u> vai variar sempre!

A: Entendi, mestre!

P: Vamos continuar?

A: Vamos!

P: O adjetivo varia em número.

A: O senhor já falou!

P: Calma, jovem, vou aprofundar.

A: Desculpe, mestre!

P: Relaxa. Eu só quero dizer uma coisa: O adjetivo simples faz plural com a mesma regra do substantivo simples.
P: Caso você não tenha estudado substantivo, volte e estude!

A: Tranquilo, fui lá e voltei, só para revisar mesmo!

P: Excelente. Agora, tome apenas cuidado com o adjetivo que estiver fazendo referência a cores.

A: Sim... continue.

P: Se você tiver um adjetivo substantivado fazendo referência a cores, ou seja, primitivamente aquela palavra é um substantivo, mas na frase está exercendo a função de adjetivo, ela ficará invariável.

A: Entendi nada.

P: Calma, veja este exemplo: Blusas laranja. Laranja está dando alguma qualidade?

A: Claro, ela dá qualidade ao substantivo Blusas.

P: Uma cor, não é?

A: Sim.

P: Agora, feche os olhos, quando você pensa em laranja, você pensa em cor ou na fruta?

A: Penso na fruta, mestre!

P: Perfeito, então, primitivamente a palavra laranja é um substantivo, mas na frase ela exerce a função de adjetivo que indica cor. Logo, ficará invariável, ok?

A: O exemplo de camisas gelo seria também?

P: Sim, gelo primitivamente é um substantivo, logo ficará no singular!

A: Obrigado, mestre!

P: Por nada. Vamos para um dos assuntos mais importantes de adjetivos para o seu concurso!

A: Cai?

P: Não, despenca. Vamos estudar o plural dos adjetivos compostos. Tabelinha, ok?

A: Ok, mestre!

1. Em regra, apenas o segundo elemento varia!
Médico-dentário/ Médico-dentários
Médico-cirúrgica/ Médico-cirúrgicas
Castanho-claro/ Castanho-claros
Político-social/ Político-sociais
Exceção: verde-gaio, verde-oliva, azul-marinho, azul-celeste e surdo-mudo (surdos-mudos)
2. Se o adjetivo indicar cor e o segundo elemento for um substantivo, ficará invariável.
Camisas Verde-mar (mar é substantivo)
Roupas Amarelo-ouro (ouro é substantivo)

P: Posso continuar?

A: Estou cansado, professor Siqueira.

P: Vá beber água e volte. Vamos lá, um outro assunto muito forte nos concursos é o grau do adjetivo.

A: Sério?

P: Muito sério! O grau pode ser comparativo e superlativo.
P: No grau comparativo, eu faço a comparação entre dois ou mais seres. Ele será classificado em comparativo de igualdade, superioridade e inferioridade. O grau comparativo de igualdade é quando vou igualar!

A: Faz sentido kkkkk.

P: É até lógico, não é?

A: Sim.

P: Lucas é tão estudioso quanto Pedro.
P: Estou igualando?

A: Está, mestre!

P: Temos um grau comparativo de igualdade. No grau comparativo de superioridade, um ser possui uma qualidade em grau superior a outro.

A: Entendi, o senhor vai dar exemplo?

P: Sim! Pedro é mais inteligente do que Mévio. É um grau comparativo de superioridade?

A: Sim, mestre!

P: Perfeito! No grau comparativo de inferioridade, temos uma qualidade inferior a outro.
P: Mévio é menos desatento do que Tício.

A: Temos uma inferioridade!

P: Tabelinha, ok?

A: E lá vamos nós...

P: Calma, estou apenas ajudando!

Igualdade: tão + como ou quanto
Superioridade: mais + que ou do que
Inferioridade: menos + que ou do que

P: Maria é menor do que Pedro. Temos um grau de superioridade ou inferioridade?

A: Inferioridade!

P: Errado!

A: Como assim?

P: Caso tivéssemos uma competição de pessoas de menor estatura, quem ficaria em primeiro lugar?

A: Maria, mestre!

P: Isso mesmo! É como se tivesse: Maria é mais pequena do que Pedro.

A: Entendi, mestre, muito usado em Portugal, não é?

P: Isso! Vou passar um bizu para que você não erre mais, ok?

A: Ok, mestre!

P: Melhor, pior, maior, menor, superior e inferior.

A: Como assim?

P: Calma. Quando você tiver essas palavras, você terá um grau comparativo de superioridade.

A: Entendi, mestre, anotado!

P: Ok!

A: E o grau superlativo?

P: Calma novamente, jovem, vou explicar! O grau superlativo pode ser relativo ou absoluto. No grau superlativo relativo, você tem uma comparação com um conjunto de seres.

A: Entendi nada!

P: Calma três vezes, meu caro. Veja este exemplo: Pedro é o aluno mais estudioso da sala. Eu estou fazendo a comparação de Pedro com um geral, não é?

A: Sim, com o conjunto de alunos!

P: Isso mesmo, você já sabe o que é o grau superlativo relativo! Olhe mais um exemplo: Pedro é o mais estudioso dos filhos. Estou comparando Pedro com um conjunto de seres?

A: Sim, com seus irmãos, então temos um grau superlativo relativo.

P: Isso!

A: Entendi, mestre!

P: No grau superlativo absoluto, o ser pode possuir uma qualidade num grau elevado. Sabe quando alguém enaltece ou rebaixa uma pessoa?

A: Sim, mestre!

P: Quando eu digo: ele é fraquíssimo ou ele é muito inteligente. Temos um caso de superlativo absoluto.

A: Há classificações?

P: Há!

A: Não aguento mais!

P: Está acabando. Vamos lá, Podemos ter o absoluto sintético e analítico. No sintético, eu junto! No analítico, eu separo!

A: Como assim?

P: É meu bizu! Depois explico. No grau analítico, a intensificação se faz com o auxílio de um advérbio de intensidade. No grau sintético, a intensificação se faz com ajuda do sufixo.

A: Não entendi!

P: Vou dar um exemplo. Pedro é muito inteligente e Pedro é inteligentíssimo. Qual dos dois eu utilizei sufixo?

A: No Inteligentíssimo, o senhor usou íssimo!

P: Muito bem! Temos o sintético. Já o analítico é muito inteligente!

A: Entendi.

P: Agora vem o meu bizu, analítico eu separo, ou seja, tenho duas palavras, sintético eu junto, tenho uma palavra apenas. No sintético, eu junto muito + inteligente, formando inteligentíssimo, ou seja, uma só palavra. Já no analítico, eu separo inteligente do sufixo, formando muito inteligente. Portanto, duas palavras.

A: Caramba, mestre, ficou mais fácil.

P: Obrigado, jovem! Posso continuar?

A: Pode!

P: Você já ouviu falar nos adjetivos pátrios?

A: Não!

P: Adjetivos pátrios indicam a origem do ser, por isso pátrios.
Exemplos:
Índia/ indiano
Japão/ Japonês

A: Entendi, Professor Siqueira!

P: Ok! Para finalizar, vamos ver as locuções adjetivas!

A: E importante?

P: Muito! Principalmente lá em sintaxe! Quando você encontrar uma preposição + substantivo ou preposição + advérbio com valor de adjetivo, ou seja, uma qualidade, teremos uma locução adjetiva.

A: Entendi. Exemplo?

P: Claro!

A cadeira de vidro	De+ vidro
O livro da turma	De+ turma
Médico de estômago	De+ estômago

P: De é uma preposição e vidro, turma e estômago são substantivos. Porém, juntos formam uma locução adjetiva.

A: Entendi, mestre, muito obrigado!

P: Por nada!

PRONOMES

P: Vamos agora estudar pronomes, ok?

A: Bora!

P: Pronome é a palavra que substitui ou acompanha um substantivo, indicando as pessoas do discurso.

A: Professor, o que danado é uma pessoa do discurso?

P: Calma, meu jovem, vou explicar. Imagine 3 alunos, ok?

A: Ok, mestre!

P: Pedro e João estão conversando e falando de outro aluno que está lá no canto da classe, ok?

A: Certo.

P: Pedro disse que o aluno não gosta de estudar e João apenas ficou ouvindo. Agora, vou fazer três perguntas e você responde, certo?

A: Certo, Professor!

P: Quem fala?

A: Quem fala é Pedro!

P: Perfeito. E com quem se fala?

A: João.

P: Excelente! E de quem se fala?

A: Do aluno que está lá no canto da sala, mestre!

P: Excelente duas vezes! Você acabou de falar as três pessoas do discurso. 1ª pessoa: quem fala; 2ª pessoa: com quem se fala; 3ª pessoa: de quem se fala.

A: Entendi agora, mestre, obrigado!

P: Por nada! Os pronomes podem ser classificados em: pronomes pessoais, pronomes de tratamento, pronomes possessivos, pronomes demonstrativos, pronomes indefinidos, pronomes relativos e pronomes interrogativos.

A: Preciso decorar?

P: Não decore, aprenda!

4.1 Pronomes Pessoais

P: Vamos dar uma olhada nos pronomes pessoais, ok?

A: Pode falar!

P: Ok! Os Pronomes pessoais podem ser do caso <u>reto</u> e do caso <u>oblíquo</u>.

A: O assunto está ficando difícil, não estou entendendo!

P: Tenha calma, nem expliquei direito ainda! Pronomes pessoais do caso reto são aqueles que aprendemos no ensino fundamental, você lembra?

A: Lembro não!

P: Ok, vou dizer! Eu, Tu, Ele, Nós, Vós e Eles. Lembrou?

A: Agora lembrei. Só isso?

P: Só!

A: E os pronomes oblíquos?

P: Vou colocar uma listinha e você precisa decorar!

PESSOA/ NUMERO	PRONOMES RETOS	PRONOMES OBLÍQUOS
1ª pessoa do singular	Eu	Me, mim, comigo
2ª pessoa do singular	Tu	Te, ti, contigo
3ª pessoa do singular	Ele	Se, si, consigo, o, a, lhe
1ª pessoa do plural	Nós	Nos, conosco
2ª pessoa do plural	Vós	Vos, convosco
3ª pessoa do plural	Eles	Se, si, consigo, os, as, lhes

P: Posso continuar?

A: Pode, mestre!

P: Os pronomes oblíquos podem ser divididos em átonos e tônicos. Os pronomes oblíquos átonos não possuem preposição, ok?

A: Entendi! Os tônicos possuem?

P: Isso! Você vai fazer a diferença por causa da preposição.

A: Beleza.

P: Você precisa decorar os pronomes oblíquos átonos, ok?

A: Por qual motivo?

P: Por causa da colocação pronominal.

A: Cai muito?

P: Despenca!

A: Entendi.

P: Só iremos estudar colocação pronominal lá em sintaxe, ok?

A: Ok, mestre!

A: Quem são os pronomes oblíquos átonos?

P: Me, te, se, nos, vos, o, a, os, as, lhe, lhes.

A: Não vem com preposição?

P: Não! Eles são átonos! Saiba que o pronome oblíquo exerce a função de complemento verbal.

A: Como assim?

P: Você vai estudar depois lá em sintaxe, mas saiba que alguns verbos precisam de complemento para ter um sentido completo.

A: Ainda não entendi!

P: Ok! Vou dar um exemplo, mas não se preocupe, você ainda vai estudar bastante isso! Olhe este exemplo: eu comprei o livro. Caso não tivesse o livro, o sentido seria incompleto. Comprei? Comprei o quê?

A: O livro!

P: Entendeu agora? O verbo precisa de complemento. O livro está na 3ª pessoa do singular. Na tabela, o pronome "o" está também na terceira pessoa do singular. Posso substituir "o livro" por "o".

A: Eu o comprei.

P: Entendeu?

A: Perfeito, mestre!

P: O assunto não é fácil, fique calmo!

A: Eu estou calmo, mestre!

P: Ok! Resumindo... Em geral, pronomes do caso reto funcionam como sujeito, predicativo do sujeito ou vocativo.
P: Os pronomes pessoais do caso oblíquo funcionam como complementos verbais!

A: Predicativo do sujeito? Não estou entendendo mais nada!

P: Fique tranquilo! Você ainda vai aprender o assunto lá em sintaxe, eu só não posso passar direto sem que você veja. Ok?

A: Ok, mestre!

P: Quero dizer outra coisa, ok?

A: Diga!

P: Os pronomes eu e tu nunca podem ser regidos de preposição. Se quiser fazer alguma construção, use mim e ti.

A: Caramba! Traga um prato de comida para eu! (Errado)

P: Está errado, o certo seria: traga um prato de comida para mim.
P: Entendeu?

A: Perfeitamente, mestre! E até um meme hahaha.

P: Rsrsrsrs...
P: Existem exceções!

A: Ave Maria... lá vem!

P: Calma, não é difícil! Eu só vou usar depois de preposição, caso o pronome seja sujeito do verbo no infinitivo.

A: O que peste é isso?

P: Calma, aluno. O verbo no infinitivo, inicialmente, você vai considerar aquele verbo que é terminado em r, ok? Beijar, falar, cantar, sorrir, vender...

A: Entendi!

P: Lucas comprou um livro para eu ler. Percebeu que eu é o sujeito de ler?

A: Percebi, mestre!

P: Vou nem falar tanto de sujeito, pois teremos um tópico lá em sintaxe só para isso! Você sabe o que é um pronome reflexivo?

A: Sei não, mestre, estou estudando apenas com o senhor!

P: Ok! Vou dizer então! O pronome reflexivo faz referência à pessoa do pronome reto.

A: Entendi foi nadinha!

P: Calma! Vou jogar um exemplo! Odiei-me pela besteira que falei.

A: Continue!

P: Veja só! Odiei tem um eu escondido, não tem? Eu odiei!

A: Realmente tem!

P: "Eu" é primeira pessoa e o "me" também é primeira pessoa, logo temos um pronome oblíquo fazendo referência ao pronome reto, ou seja, eu odiei a mim mesmo!
P: Vou falar mais sobre isso depois, ok? Só entenda!

A: Ok, mestre, volte mesmo!

P: Só mais outra coisa, viu?

A: Diga logo!

P: Os pronomes " si" e " consigo " são reflexivos, ou seja, caso não indiquem reflexividade, o emprego dos pronomes estará errado.
Luana gosta de falar consigo mesma. (Certo)
Luana gosta de amar a si própria. (Certo)

Eu quero falar consigo. (Errado)

A: Agora entendi, mestre, vamos continuar?

P: Excelente, vamos!

4.2 Pronomes de tratamento

P: Tratamento já diz tudo, não é?

A: Sim, mestre!

P: Os pronomes de tratamento são usados para se dirigir às pessoas com quem se fala, embora a concordância verbal seja em terceira pessoa.

A: Vou usar os pronomes de tratamento para tratar de uma forma diferente as pessoas?

P: Sim kkk.

A: Só isso? Tratar de uma forma educada, íntima ou de acordo com a idade?

P: Também! Legal, não é?

A: Que nada, já é mais coisa para eu decorar.

P: É verdade! Kkkkkk Vou colocar uma listinha, ok?

A: Ok, mestre!

PRONOMES	ABREVIACOES	EMPREGO
Vossa Majestade	V.M	Reis e rainhas
Vossa Majestade Imperial	V.M.I	Imperadores
Vossa Alteza	V.A	Príncipes e princesas
Vossa Onipotência	Não possui	Deus
Vossa Santidade	V.S	Papa

Vossa Paternidade	V.P	Superiores de ordens religiosas
Vossa Eminência	V. Ema	Cardeais
Vossa Reverendíssima	V. Revma	Sacerdotes e bispos
Vossa Magnificência	V. Magª	Reitores de universidades
Vossa Excelência	V. Exª	Presidente, Embaixador, Ministro, Desembargador e outros...
Meritíssimo	MM.	Juízes
Vossa Senhoria	V. Sª	Outras autoridades
Senhor	Sr.	Para demonstrar respeito com pessoas de pouca intimidade
Senhorita	Srta.	Moças solteiras
Você	V.	Situações informais

P: Vou contar um segredo, ok?

A: Conta!

P: Quanto mais decorar, mais você vai ter chance de passar!

A: Sério? Que descoberta!

P: Brincadeira, fique tranquilo! Só para finalizar os pronomes de tratamento, eu quero que você saiba a diferença do vossa e do sua, ok?

A: Eu sei! Vossa é para dirigirmos diretamente à pessoa e sua é para dirigirmos a uma terceira pessoa.

P: Perfeito! Quando estou falando com o secretário do governador, eu digo: Sua Excelência já chegou ao Palácio?

A: Isso!

P: Quando eu estou falando direto com a autoridade, eu digo: Vossa Excelência vai viajar amanhã?
P: Ok?

A: Ok, mestre, obrigado!

P: Por nada! Agora, vamos dar uma olhada nos pronomes possessivos, certo?

A: Certo!

4.3 Pronomes possessivos

P: Os pronomes possessivos, em regra, indicam a posse de algo. Porém, existem exceções, pois eles também podem indicar respeito, afetividade e até ofensa!

A: Sério, mestre? O senhor poderia dar um exemplo?

P: Claro! Não entre, minha Senhora, eu já disse!

A: Indica respeito?

P: Isso mesmo! Os pronomes possessivos concordam em pessoa com o possuidor!

A: E com o possuído?

P: Com o possuído, ele concorda em gênero e número.

A: O senhor pode dar um exemplo para ficar mais claro?

P: Eu devo! Veja o exemplo! Ela estava com seus livros.

A: O pronome " seus" está na terceira pessoa do singular, não é?

P: Isso, ou seja, concordando com o possuidor "ela", entendeu?

A: Entendi. No caso, seus está no plural e no masculino, pois concorda com o possuído?

P: Excelente, o possuído seria os livros. Ok?

A: Ok, mestre!

P: Vou colocar uma listinha, ok?

A: Ok, professor!

PESSOAS DO DISCURSO	PRONOMES POSSESSIVOS
1ª pessoa (singular)	Meu, minha, meus, minhas
2ª pessoa (singular)	Teu, tua, teus, tuas
3ª pessoa (singular)	Seu, sua, seus, suas
1ª pessoa (plural)	Nosso, nossa, nossos, nossas
2ª pessoa (plural)	Vosso, vossa, vossos, vossas
3ª pessoa (plural)	Seu, sua, seus, suas

A: Preciso decorar mesmo?

P: Além disso... você precisa aprender! Os pronomes me, te, se, nos, vos podem ter valor de posse.

A: O senhor pode dar um exemplo?

P: Claro! Furtaram-me a roupa, isto é, furtaram a minha roupa. Veja que mudei o me por minha, entendeu?

A: Mais ou menos.

P: Não se preocupe, estudaremos lá na parte de sintaxe, mas saiba logo que esse pronome pode ter uma função sintática de adjunto adnominal ou objeto indireto (pequena parcela dos autores), ok?

A: Ok, mestre!

P: Vamos agora dar uma olhada nos pronomes demonstrativos, certo!

A: Partiu!

4.4 Pronomes demonstrativos

P: Os pronomes demonstrativos marcam posição no espaço, no tempo ou no próprio discurso em relação às pessoas do discurso.

A: Não entendi, Professor Siqueira.

P: Tenha calma, jovem, eu ainda nem expliquei direito.

A: Perdão.

P: Não precisa pedir perdão! Vou jogar uma tabelinha!

PESSOAS	VARIAVEIS				INVARIAVEIS
	MASCULINO		FEMININO		
	SINGULAR	PLURAL	SINGULAR	PLURAL	
1ª	Este	Estes	Esta	Estas	Isto
2ª	Esse	Esses	Essa	Essas	Isso
3ª	Aquele	Aqueles	Aquela	Aquelas	Aquilo

P: Em relação ao espaço, os pronomes este, esta, estes, estas e isto indicam algo que está perto da pessoa que fala.

A: Não entendi!

P: Imagine que eu esteja segurando um lápis, ok?

A: Certo!

P: Eu digo na sala: Este lápis é meu.
P: Eu estou fazendo referência ao lápis que estou segurando.

A: Entendi. E quando o lápis estiver perto da pessoa com quem se fala?

P: Ahhh, vou usar esse, essa, esses, essas e isso. Entendeu?

A: Entendi. Vou dar um exemplo, ok?

P: Ok.

A: Esse lápis é meu. Acertei?

P: Perfeito!

A: E quando indica algo distante dos dois?

P: Você usa aquele, aquela, aqueles, aquelas, ou seja, indica o objeto distante tanto de quem fala como de quem estava ouvindo. Entendeu?

A: Agora sim. Já acabou?

P: Ainda não! Vamos ver agora em relação ao tempo, ok?

A: Ok.

P: Este, esta, estes, estas e isto marcam um tempo imediato ao ato da fala. Por exemplo: Neste momento, ele está comendo o bolo da festa.

A: Neste?

P: Sim, é a junção de em + este.

A: Ah, entendi.

P: Esse, essa, esses, essas e isso indicam um tempo passado. Veja este exemplo: Na semana passada, saiu a minha aprovação na ESPCEX. Nessa mesma semana, eu estava desesperado.
P: Entendeu?

A: Entendi, professor!

P: Os pronomes aquele, aquela, aqueles, aquelas e aquilo indicam um tempo bastante distante ao ato da fala.
P: Eu estava em Londres em 1970, jamais esquecerei aquele belo dia.

A: Agora eu entendi, professor. Terminamos?

P: Ainda não! Gostaria de falar dos pronomes anafóricos e os pronomes catafóricos. Os pronomes anafóricos fazem referências a um termo antecedente, ou seja, algo que já foi falado ou escrito, eles são representados pelos pronomes esse, essa, esses, essas e isso. Ok?

A: Ok, mestre.

P: Os pronomes catafóricos fazem referências a um termo posterior, ou seja, que ainda vai ser escrito. Eles são representados pelos pronomes este, esta, estes, estas e isto.

A: Entendi, mestre, o senhor poderia explicar a relação entre este x aquele?

P: Claro, você usa "aquele" para o primeiro citado e "este" para o último citado.

A: Não entendi.

P: Vou dar um exemplo. Matemática e Português são matérias essenciais. Este trabalha com a gramática, e aquele com cálculos.
P: Entendeu?

A: Entendi, mestre. Este = português e aquele = matemática.

P: Perfeito! Só para finalizar a parte de demonstrativos, ok?

A: Ainda?

P: Calma! Os pronomes o, a, os, as, mesmo, mesmos, mesma, mesmas, próprio, próprios, semelhante, semelhantes, tal e tais são considerados demonstrativos.

A: Como assim?

P: Mesmo e próprio são pronomes demonstrativos quando tiverem sentido de "idêntico". Exemplo: Percebemos o mesmo assunto por dias / percebemos o idêntico assunto por dias.
P: Você pode substituí-lo por um pronome demonstrativo. Exemplo: Eu não entendi o que ele disse/ Eu não entendi aquilo que ele disse.

A: Perfeito!

4.5 Pronomes Indefinidos

P: Então vamos estudar os pronomes indefinidos. Os pronomes indefinidos são aqueles que se referem de modo vago, impreciso ou genérico a uma terceira pessoa.

A: Eu quero exemplos!

P: Beleza! Alguém está gritando na janela. Percebeu que fiz referência de modo vago a uma terceira pessoa? Alguém? Quem? Sei não!

A: Mais um exemplo?

P: Claro! Muitas pessoas compraram livros.

A: A palavra " muitas" seria o pronome indefinido, pois estamos falando de modo genérico, não consigo dizer um número certo de pessoas.

P: Parabéns, você entendeu o conceito de pronome indefinido. Só para constar, nunca mais você vai dizer que um pronome indefinido é necessariamente um sujeito indeterminado!

A: Está certo, o senhor poderia me explicar?

P: Agora não, deixe para sintaxe.
P: Eu quero que você tome cuidado com um pronome indefinido, pois ele cai muito nos concursos.

A: Qual?

P: O pronome CERTO e flexões. Se eu tiver a palavra CERTO antes do substantivo, eu vou ter um pronome indefinido!

A: Massa!

P: Depois do substantivo eu vou ter um adjetivo. Exemplo: Certa pessoa comprou o livro / Pessoa certa comprou o livro. Percebeu?

A: Sim, na primeira frase, temos um pronome indefinido. Na segunda frase, temos um adjetivo, pois qualifica o substantivo PESSOA, não é?

P: Isso mesmo! Vou jogar uma tabelinha, Ok?

A: Ok!

VARIAVEIS	INVARIAVEIS
Algum, alguns, alguma, algumas	Alguém
Nenhum, nenhuns, nenhuma, nenhumas	Tudo
Todo, todos, toda, todas	Outrem
Outro, outros, outra, outras	Algo
Muito, muitos, muita, muitas	Cada
Pouco, poucos, pouca, poucas	Mais
Certo, certos, certa, certas	Ninguém
Vário, vários, vária, várias	Nada
Tanto, tantos, tanta, tantas	Menos
Quanto, quantos, quanta, quantas	Demais
Um, uns, uma, umas	-
Bastante, bastantes	-
Qualquer, quaisquer	-

P: Podemos estudar agora os pronomes relativos?

A: Podemos sim, mestre!

4.6 Pronomes Relativos

P: Pronome relativo tem a função de retomar um termo citado anteriormente na frase. Vou colocar uma listinha!

PRONOMES RELATIVOS				
VARIAVEIS				INVARIAVEIS
MASCULINO		FEMININO		
SINGULAR	PLURAL	SINGULAR	PLURAL	
O qual	Os quais	A qual	As quais	Que
Cujo	Cujos	Cuja	Cujas	Quem
Quanto	Quantos	Quanta	Quantas	Onde

A: Não entendi, professor.

P: Vou dar um exemplo para ficar mais fácil.
Ex: O homem que fuma vive pouco.
P: Que está substituindo o substantivo homem. Portanto, o termo antecedente.

A: Ah, entendi. Mestre.

P: Eu só vou aprofundar o estudo dos pronomes relativos lá em sintaxe.
P: Lembre-se de um bizu, se você conseguir substituir o termo por o qual, a qual, os quais e as quais, você encontrou um pronome relativo. Ok?

A: O homem o qual fuma vive pouco?

P: Isso, jovem. Ainda vou aprofundar um pouco, sempre que você encontra um pronome relativo, você encontrou uma oração subordinada adjetiva. Ok?

A: Anotado, mestre.

4.7 Pronomes Interrogativos

P: Vamos dar uma olhada rápida nos pronomes interrogativos.

A: Vamos!

P: Vou colocar uma listinha. Ok?

A: Ok!

Que

Quem

Qual

Quais

Quanto

Quanta

Quantos

Quantas

P: Os pronomes interrogativos são utilizados para fazer perguntas diretas ou indiretas. Ok?

A: Ok. Há exemplos?

P: Claro!
Exemplos:
Que dia é a prova?
Quem fez o macarrão?
Qual material é bom?
Quanto custa o curso?

A: Perfeito, mestre. Obrigado.

P: Ok. Finalizamos a parte de pronomes.

“VERBOS”

P: Vamos para o momento mais temido, o tão falado verbo!

A: Fico até com medo, mestre, nunca entendi verbo.

P: Calma, jovem. Você vai aprender! Vou começar, ok?

A: Ok, mestre!

P: Verbo é a palavra que indica ação, estado ou fenômeno da natureza.
Exemplos:
- Marcelo comprou um livro (Comprar indica ação).
- Pedro permanece triste (Permanecer indica estado).
- Chove bastante (Chover indica fenômeno da natureza)
Entendeu?

A: Perfeitamente, professor.

P: Ok. Vamos prosseguir! Verbo é uma palavra que varia em tempo, modo, número, pessoa e voz.

A: E para anotar?

P: Sim, é para você aprender! Podemos ter três modos, <u>o indicativo, subjuntivo e imperativo.</u> O modo indicativo é uma coisa certa, real!

A: Não entendi.

P: Se eu falar: Pedro andou. É algo certo? Você consegue entender que alguém o viu andando?

A: Consigo, mestre. Agora entendi.

P: Certo! O modo subjuntivo apresenta algo de forma duvidosa, hipotética.

A: Também não entendi, duvidosa?

P: Sim. Exemplo: Se eu tivesse estudado, passaria na prova. Indica algo duvidoso? Algo hipotético? Você tem certeza de que seria aprovado?

A: Não, mestre, é uma suposição.

P: Entendeu agora?

A: Perfeitamente!

P: O modo imperativo apresenta uma ordem, solicitação, desejo. Entre agora! Saia da sala! Voltemos amanhã! Entendeu?

A: Sim. Quando eu recebo uma ordem, o ideal seria usar no modo imperativo?

P: Isso mesmo!

A: Então eu entendi, meu pai sempre usa o imperativo comigo kkkkkkk.

P: Oriente-se, jovem kkkkk. Vamos agora ver a parte de TEMPO, Ok:

A: Pode falar, mestre!

P: Você aprendeu na escola que nós temos o presente, passado e futuro, não é?

A: Isso, mestre!

P: Vamos colocar um nome mais bonito para passado, ok?

A: Ok, mestre!

P: Vamos chamá-lo de pretérito. Então, temos presente, pretérito e futuro. O presente é um fato que está acontecendo no momento atual. Exemplo:

Marcos escreve o livro.
P: Entendeu?

A: Sim, mestre!

P: O pretérito é passado, isso você já sabe, porém ele pode ser dividido em pretérito perfeito, pretérito imperfeito, pretérito mais-que-perfeito.

A: Preciso anotar?

P: Claro! Você precisa aprender, meu jovem, não decore, aprenda!

A: Ok!

P: O pretérito perfeito é um passado concluído.

A: Como assim!

P: É uma ação concluída no passado! Exemplo: Lucas tomou banho. Lucas concluiu a ação de tomar banho?

A: Sim, mestre!

P: Ok. Temos um caso de pretérito perfeito.
P: O pretérito imperfeito é um passado não concluído, ou seja, uma ação não concluída no passado. Exemplo: Quando faltou água, Pedro tomava banho. A ação foi concluída no passado?

A: Não, mestre. Fiquei imaginando o coitado de Pedro todo cheio de sabão kkkkkk.

P: Sim, é muito chato faltar água. O pretérito mais-que-perfeito é um passado, mas concluído antes de outro passado.

A: Já começou a ficar difícil o negócio.

P: Calma, não é difícil! Vou dar um exemplo! Quando cheguei, o ônibus já partira. Partira é um passado concluído antes de outro passado, ou seja, o verbo chegar. Imagine você contando uma história que chegou no ponto

do busão e ônibus já tinha pegado o beco, é um passado concluído antes de outro passado.

A: Entendi, mestre, agora sim!

P: Ainda bem! Fiquei preocupado, mas vamos prosseguir.

A: Calma, mestre... E o futuro?

P: É verdade! Futuro pode ser do presente e do pretérito. O futuro do presente é o futuro que a gente já sabe. Eu irei à festa; nós compraremos uma casa e assim vai. Já o futuro do pretérito é um passado hipotético. Veja um exemplo: Se eu tivesse estudado, passaria na prova.
P: Entendeu?

A: Ainda não, mestre.

P: Ok. É simplesmente um fato que poderia ter acontecido, ou seja, uma hipótese, posteriormente a uma situação passada.

A: Ahhhh!! E aquele famoso arrependimento, não é?

P: Isso mesmo. Entendeu agora?

A: Perfeitamente, mestre!

P: Vamos de NÚMERO agora?

A: Vamos lá, professor. Estou aprendendo.

P: Amém! O número é singular ou plural. Você lembra?

A: Lembro, mestre!

P: Ok. Singular: Eu canto, tu cantas, ele canta. Plural: Nós cantamos, vós cantais, eles cantam.

A: A parte de número já aprendi, pode prosseguir.

P: Ok. Lembra de pessoa? Primeira pessoa, segunda pessoa e terceira pessoa do discurso?

A: Claro, mestre! Primeira pessoa: Quem fala; segunda pessoa: Com quem se fala; terceira pessoa: De quem se fala!

P: Caramba, você realmente prestou atenção kkkkk.

A: Estou estudando, mestre!

P: Excelente. Agora quero ver! E a voz?

A: Voz? Eu sei cantar, professor!

P: Não é isso, rapaz. Estou falando das vozes verbais!

A: Ah, eu não sei.

P: Ok. Nós temos a voz ativa, a voz passiva, voz reflexiva e voz recíproca.

A: Tanta voz, meu jesus!

P: É verdade. A voz ativa é quando alguém pratica uma ação indicada pelo verbo.

A: Como assim?

P: Vou dar um exemplo, acalme-se! João comprou um livro de matemática. João praticou uma ação? A ação de comprar?

A: Praticou, professor!

P: Então temos um caso de voz ativa. Já a voz passiva é quando alguém sofre uma ação.

A: Continue.

P: Vou dar um exemplo. A casa foi vendida pelo tio. Alguém sofreu uma ação de ser vendida?

A: Sim, professor, a coitada da casa foi vendida.

P: Isso mesmo, então temos uma voz passiva.

A: Legal, mestre. E só isso?

P: Calma. A voz passiva pode ser dividida em analítica e sintética.

A: Agora lascou!

P: Calma, é fácil. Decore para a sua vida: Analítico eu tenho dois e sintético eu tenho um só. Analítico eu separo e sintético junto.

A: Não entendi.

P: Calma. Sintético só tem um verbo, por isso um só. A mesma situação para o analítico que seria mais de um. Ok?

A: Entendi, mestre, o senhor pode dar exemplos?

P: Posso!
P: A história foi contada pela mãe. No caso, nós temos quantos verbos?

A: Dois, mestre!

P: Então temos voz passiva analítica. A voz passiva analítica possui uma locução verbal, que, no caso, seria um verbo auxiliar e um verbo principal.

A: Não entendi, mestre.

P: Calma, vou explicar o que seria locução verbal e depois continuaremos com voz passiva analítica.

A: Ok!

P: Primeira situação, o verbo possui o que chamamos de formas nominais, que são: infinitivo, gerúndio ou particípio.
Infinitivo é quando temos um verbo terminado em R. Exemplos: CantaR, choraR, falaR, gritaR, brincaR, estudaR...

Gerúndio é quando temos um verbo terminado em NDO. Exemplos: FalaNDO, brincaNDO, choraNDO, compraNDO, riNDO...

Particípio é quando temos um verbo terminado em ADO/IDO, se tivermos verbos terminados em ADO/IDO, falaremos que o verbo está no particípio regular.

Existem casos que teremos o particípio irregular, geralmente terminado em TO, SO e O.

P: Vou colocar uma listinha aqui dos particípios.

INFINITIVO	P. REGULAR	P. IRREGULAR
Aceitar	Aceitado	Aceito, aceite
Acender	Acendido	Aceso
Eleger	Elegido	Eleito
Entregar	Entregado	Entregue
Enxugar	Enxugado	Enxuto
Expressar	Expressado	Expresso
Expulsar	Expulsado	Expulso
Extinguir	Extinguido	Extinto
Ganhar	Ganhado	Ganho
Imprimir	Imprimido	Impresso
Isentar	Isentado	Isento
Matar	Matado	Morto
Salvar	Salvado	Salvo
Tingir	Tingido	Tinto

Entendeu?

A: Entendi, mestre.

P: Ok. Vamos para locução verbal. A locução verbal é quando eu tenho mais de um verbo indicando uma só ação. Assim, teremos um verbo auxiliar e um verbo principal.
Veja a estrutura: Auxiliar + Principal.

P: O verbo principal pode estar no infinitivo, gerúndio ou particípio. Exemplos: Estava cantando; tinha falado; foi isento; havia falado.

A: Ahhh, entendi. O verbo auxiliar vai ficar conjugado?

P: Isso mesmo! Vou passar mais uma dica, ter e haver para particípio regular e ser/estar para particípio irregular. Exemplos:
Tinha imprimido; foi morto; tinha entregado; foi entregue.

A: Legal, mestre. Vou anotar aqui.

P: Anote. Vamos voltar agora na voz passiva?

A: Vamos, mestre!

P: Portanto, na voz passiva analítica, teremos uma locução verbal. Ok?

A: Ok, mestre.

P: A locução verbal da voz analítica será formada por um verbo auxiliar (ser, estar e fazer) e um verbo no particípio.

A: Entendi, professor.

P: Vou dar um exemplo. A conta foi paga. Alguém sofre ação?

A: Sim.

P: Voz passiva analítica ou sintética?

A: Dois verbos, uma locução verbal e um verbo no particípio...eu chuto analítica!

P: Não chute! Você acertou! Já a voz passiva sintética possui um só verbo, agora, temos um "se" acompanhando o verbo.

A: Como assim?

P: Vamos chamar de pronome apassivador.

A: Não entendi.

P: Isso é simples, basta você analisar a seguinte estrutura: verbo + se. Exemplos:
Vende-se a casa.
Compra-se um livro.
Aluga-se este apartamento.

A: Entendi, professor. No caso, eu poderia transformar para voz ativa?

P: Claro, veja que eu posso transformar, ficando: um livro é comprado... a casa é vendida... entendeu?

A: Entendi, mestre.

P: Vamos agora estudar a voz reflexiva.
P: A voz reflexiva é quando alguém pratica uma ação e sofre ao mesmo tempo. É a lei de ação e reação. Pratico e recebo ao mesmo tempo.

A: Como assim?

P: Vou dar um exemplo: Pedro se cortou com a faca. No caso, Pedro praticou a ação de cortar e sofreu a ação de ser cortado. Concorda?

A: Concordo, mestre, ele cortou a si mesmo.

P: Isso mesmo, meu caro aluno.

A: Então, eu tenho um pronome reflexivo que ajuda na voz reflexiva?

P: Excelente, isso mesmo!

A: Mestre... eu queria saber sobre a voz recíproca.

P: Muito fácil também. Na voz recíproca, alguém pratica uma ação e recebe a ação só que de outra pessoa. Entendeu?

A: Espera! Na voz reflexiva, alguém pratica e recebe a ação dele mesmo e, na voz recíproca, alguém pratica e recebe a ação só que de outra pessoa?

P: Perfeito, meu jovem aluno. Vou dar dois exemplos:
Os lutadores se insultaram durante a luta.
Eles se amam.

A: Ah, agora entendi!

P: Perfeito. Vamos continuar?

A: Partiu!

P: Só uma situação, alguns autores consideram a voz recíproca como um tipo de voz reflexiva. Ok?

A: Ok, mestre. Anotado!

P: Vamos estudar agora a classificação dos verbos. : Os verbos podem ser regulares, irregulares, defectivos, abundantes e anômalos.

A: Pode explicar cada um?

P: Posso!
Regular é o verbo que o radical não ocorre alteração fonética durante a sua conjugação. Tente conjugar o verbo cantar, por exemplo, você vai perceber que o radical "cant" não vai ocorrer alteração.

Eu canto	Nós cantamos
Tu cantas	Vos cantais
Ele canta	Eles cantam

Irregular é o verbo que o radical sofre alteração fonética durante a sua conjugação. Tente conjugar o verbo fazer, por exemplo, você vai perceber que o radical "faz" vai sofrer alteração fonética na conjugação.

Eu faço	Eu fiz
Tu fazes	Tu fizeste
Ele faz	Ele fez

Defectivo é o verbo que não se conjuga em todas as pessoas do discurso, tempos ou modos verbais. Exemplo:

Eu....	Eu.....
Tu aboles	Tu.....
Ele abole	Ele....
Nós abolimos	Nós falimos
Vós abolis	Vós falis
Eles abolem	Eles....

Abundante é o verbo que possui duas formas iguais, os casos mais clássicos são dos particípios. Exemplo:

Acender: acendido e aceso
Frita: Fritado e frito
Morrer: morrido e morto
Expulsar: expulsado e expulso

Anômalo é o verbo que possui mais de um radical. Os verbos clássicos são ser e ir.
Entendeu?

A: Entendi, mestre. E bem tranquilo.

P: Sim! O verbo pode ter a forma rizotônica e arrizotônica.

A: O que é isso?

P: Fácil. Quando a vogal tônica estiver no radical, você vai dizer que está na forma rizotônica. Agora, se a vogal tônica estiver fora do radical, você vai dizer que está na forma arrizotônica.

A: Beleza. Terminamos?

P: Terminamos a classificação, agora vamos estudar as conjugações. Ok?

A: Ok. Mestre.

P: Você estudou desde criança as conjugações verbais, não foi?

A: Sim, mestre, mas não lembro.

P: Ok. Vou escrever aqui.
Primeira conjugação: Vogal temática é A.
Exemplos: Cantar e brincar.
Segunda conjugação: Vogal temática é E.
Exemplos: Vender e beber.
Terceira conjugação: Vogal temática é I.
Exemplos: Partir e sorrir.

A: Ah, entendi, mestre. E o verbo pôr?

P: O verbo por vem de poEr, logo é segunda conjugação.

A: Blz, mestre, vou anotar aqui.

P: Vamos dar uma olhada agora na conjugação verbal, ok?

A: Ok. Mestre.

P: Vou colocar o verbo "cantar", pois é mais fácil.

A: Pode mandar bronca!

P: Calma, antes eu quero falar do modo subjuntivo e o modo imperativo.

A: Falar o quê?

P: Falar sobre a conjugação. No modo subjuntivo, você vai usar "que" para conjugar o presente do subjuntivo, já no pretérito imperfeito do subjuntivo, você usará "se" para conjugar. Por fim, no futuro do subjuntivo, você usará "quando" para conjugar. Vamos praticar?

A: Vamos!

P: Calma, meu caro jovem, ainda tenho mais um bizu.

A: Qual?

P: Se eu tiver um verbo na primeira conjugação, eu troco o A por E. Agora, se eu tiver um verbo na segunda ou terceira conjugação, eu troco o E e o I por A.

A: Entendi foi nada...

P: Eu estou falando para conjugar o verbo no subjuntivo, meu caro aluno.

A: Ainda não entendi totalmente o bizu.

P: O bizu é para ser usado no presente do subjuntivo.

A: Hmmmm....

P: Vamos para a prática.

A: Bora!!!

P: Usaremos o verbo "falar" que está na primeira conjugação.

Que eu fale	Que nós falemos
Que tu fales	Que vós faleis
Que ele fale	Que eles falem

P: Entendeu? Veja que o A se transformou em E.

A: Agora entendi perfeitamente, professor Siqueira.

P: Excelente!!!!! Para conjugar o pretérito imperfeito do subjuntivo, você vai usar o "se", ok?

A: Ok!

P: Vamos lá!

Se eu falasse	Se nós falássemos
Se tu falasses	Se vós falásseis
Se ele falasse	Se eles falassem

P: Agora vamos conjugar o futuro do subjuntivo.

A: Eu não sei conjugar.

P: Calma, é tranquilo... Basta você usar "quando"

A: Como assim?

P: Vou colocar na prática

Quando eu cantar	Quando nós cantarmos
Quando tu cantares	Quando vós cantardes
Quando ele cantar	Quando eles cantarem

P: Percebeu que ficou fácil?

A: Ficou bastante!

P: Veja que o radical, na maioria das vezes, o verbo fica intacto. Outro exemplo:

VERBO: VENDER	
Quando eu vender	Quando nós vendermos
Quando tu venderes	Quando vós venderdes
Quando ele vender	Quando eles venderem

Resumo! Verbo + es, rmos, des e em.

A: Serão todos os casos?

P: Não, mas salva bastante.

A: O senhor pode dar um exemplo?

P: Claro!

VERBO: VIR	
Quando eu vier	Quando nós viermos
Quando tu vieres	Quando vós vierdes
Quando ele vier	Quando eles vierem

P: Veja que vir se tornou vier, mas continuou as terminações.

A: Percebi! Es, rmos, des e em.

P: Isso! Vou colocar a conjugação do verbo cantar para você:

INDICATIVO		
PRESENTE	PRETERITO MAIS-QUE-PERFEITO	PRETERITO IMPERFEITO
Eu canto Tu cantas Ele canta Nós cantamos Vós cantais Eles cantam	Eu cantara Tu cantaras Ele cantara Nós cantáramos Vós cantáreis Eles cantaram	Eu cantava Tu cantavas Ele cantava Nós cantávamos Vós cantáveis Eles cantavam
PRETERITO PERFEITO	FUTURO DO PRESENTE	FUTURO DO PRETERITO
Eu cantei Tu cantaste Ele cantou Nós cantamos Vós cantastes Eles cantaram	Eu cantarei Tu cantarás Ele cantará Nós cantaremos Vós cantareis Eles cantarão	Eu cantaria Tu cantarias Ele cantaria Nós cantaríamos Vós cantaríeis Eles cantariam

SUBJUNTIVO		
PRESENTE	PRETERITO IMPERFEITO	FUTURO
Que eu canto	Se eu cantasse	Quando eu cantar
Que tu cantes	Se tu cantasses	Quando tu cantares
Que ele cante	Se ele cantasse	Quando ele cantar
Que nós cantemos	Se nós cantássemos	Quanto nós cantarmos
Que vós canteis	Se vós cantásseis	Quando vós cantardes
Que eles cantem	Se eles cantassem	Quando eles cantarem

A: Mestre, eu percebi que o senhor não colocou o modo imperativo.

P: Eita, verdade. Para conjugar no imperativo negativo, você precisa conjugar o presente do subjuntivo.

A: Como assim?

P: Você copia todo o presente do subjuntivo e adiciona a palavra não.

A: Não entendi ainda.

P: Calma, primeira coisa, não se conjuga a primeira pessoa do singular no modo imperativo. Ok?

A: Por qual motivo?

P: Simples, o modo imperativo é uma ordem, você consegue dar uma ordem a você mesmo?

A: Não, mestre.

P: Então, você vai começar na segunda pessoa do singular.

A: Tu?

P: Isso mesmo!

A: O senhor pode dar um exemplo?

P: Claro.

VERBO: CANTAR	
PRESENTE DO SUBJUNTIVO	IMPERATIVO NEGATIVO
Que eu cante	——
Que tu cantes	Não cantes tu
Que ele cante	Não cante você
Que nós cantemos	Não cantemos nós
Que vós canteis	Não canteis vós
Que eles cantem	Não cantem vocês

A: Caramba...é só copiar e colar mesmo.

P: Percebeu? Muito tranquilo, concorda?

A: Concordo, mestre.

P: Vamos olhar o imperativo afirmativo?

A: Não é a mesma coisa?

P: Não!

A: Ok...

P: No imperativo afirmativo, você vai conjugar o presente do subjuntivo, mas vai retirar o tu e o vós.

A: Entendi, mas quem vai ficar no lugar do tu e vós?

P: Você vai pegar o tu e o vós do presente do indicativo e retirar a letra "s" no final.

A: O senhor pode dar um exemplo?

P: Devo!

Verbo: Cantar		
Presente do subjuntivo	Presente do indicativo	Imperativo afirmativo
Que eu cante	Canto	———
Que tu cantes	Cantas	Canta tu (retire o s)
Que ele cante	Canta	Cante você
Que nós cantemos	Cantamos	Cantemos nós
Que vós canteis	Cantais	Cantai vós (retire o s)
Que eles cantem	Cantam	Cantem vocês

P: Entendeu?

A: Entendi perfeitamente, mestre. Agora ficou muito mais fácil.

P: Excelente! Para finalizar, vamos dar uma olhada resumida nos tempos compostos?

A: Vamos, mestre.

P: Você se lembra das locuções verbais?

A: Auxiliar + Principal?

P: Sim, excelente! Os tempos compostos são formados por um verbo auxiliar e um verbo principal. No principal, você vai encontrar o verbo no particípio. Resumindo:

Principal: Particípio
Auxiliar: Ter ou Haver.

A: Agora entendi.

P: Vou colocar aqui a classificação, ok?

MODO INDICATIVO	MODO SUBJUNTIVO
PRETERITO PERFEITO	PRETERITO PERFEITO
Presente do indicativo + particípio Exemplo: Tenho estudado	Presente do subjuntivo + particípio Exemplo: Tenha estudado
PRETERITO MAIS-QUE-PERFEITO	PRETERITO MAIS-QUE-PERFEITO
Pretérito imperfeito + particípio Exemplo: Tinha estudado	Pretérito imperfeito + particípio Exemplo: Tivesse estudado
FUTURO DO PRETERITO	
Futuro do pretérito + particípio Exemplo: teria estudado	

P: Gostou do resumo?

A: Muito, mestre.

P: Então, finalizamos por aqui a parte de verbo.

ADVÉRBIO

P: Advérbio é a palavra que modifica um verbo, um adjetivo ou um próprio advérbio, indicando uma circunstância de tempo, modo, dúvida e assim vai.

A: Ele não modifica um substantivo?

P: Não modifica, se tiver algum termo que esteja modificando um substantivo, você já sabe que não é um advérbio.

A: Entendi, mestre. O senhor poderia dar um exemplo?

P: Claro!
O menino estava bem cansado (Modifica o adjetivo cansado).
O menino dormiu cedo (Modifica o verbo dormir).
Os meninos dormiram mais tarde (Modifica o advérbio tarde).
Entendeu?

A: Entendi, mestre. Poderia dar um exemplo de um termo que não seria advérbio?

P: Claro! Exemplo: O cardápio de hoje. Mesmo com a junção de preposição + advérbio, não podemos dizer que teria uma função de advérbio, pois o termo modifica um substantivo.

A: Não seria uma locução adverbial?

P: Não, pois estaria especificando o substantivo cardápio.

A: Entendi, seria uma locução adjetiva?

P: Isso mesmo, lembre-se de que a locução adjetiva seria a junção de

preposição + substantivo ou advérbio. Agora, caso alguém pergunte se a locução tem algum significado, você dirá que tem um sentido de tempo, pois estamos falando de semântica e não de morfologia.

A: Verdade, professor.

P: Ok!
P: Posso continuar?

A: Claro, mestre!

P: Vou aproveitar e falar das locuções adverbiais.

A: Duas ou mais palavras com função de advérbio?

P: Isso mesmo, você já estudou?

A: Ainda não, mas me lembrei do conceito de locução adjetiva.

P: Esperto! Vou dar um exemplo!
Ex: Em breve, estarei no local.

A: Locução adverbial de tempo?

P: Perfeitamente. Vou colocar mais outra locução, já que você está sabendo bastante.

A: Pode mandar!

P: Ele andou pelo parque.

A: Fácil. Locução adverbial de tempo.

P: Vou colocar os principais advérbios, ok?

Afirmação: Sim, certamente, realmente.
Tempo: Agora, amanhã, cedo, depois, hoje, já.
Dúvida: Possivelmente, provavelmente, quiçá, talvez.
Lugar: Aqui, ali, acolá, cá, abaixo, acima, antes, perto.
Intensidade: Bastante, muito, pouco, quanto, quão, mais, menos, demasiado.
Negação: Não, tampouco, nunca.
Modo: Bem, mal, depressa, devagar e boa parte das palavras terminadas em -mente: cuidadosamente, fielmente.

A: Há outros?

P: Sim. Coloquei alguns só para você entender.

A: Ok, professor!

P: Embora o advérbio seja palavra invariável, ele pode ser flexionado em grau. O grau pode ser comparativo e superlativo.

A: Lembrei-me dos adjetivos.

P: Excelente, vai ajudar bastante. O grau comparativo pode ser de igualdade, superioridade e inferioridade.

Igualdade: Tão + advérbio + quanto ou como.
Ex: Tício iniciou o jogo tão cedo quanto o pai.

Superioridade: Mais + advérbio + que ou do que.
Ex: Tício iniciou o jogo mais depressa que o irmão.

Inferioridade: Menos + advérbio + que ou do que.
Ex: Tício anda menos depressa do que os amigos.

O grau superlativo pode ser absoluto sintético ou analítico.
O sintético é formado pelo sufixo íssimo.
Ex: Pedro acordou cedíssimo. / Ele gastou pouquíssimo.

O analítico é formado por um advérbio de intensidade.
O livro estava muito perto.
Ele andava bastante rápido.

A: Perfeito, mestre. Obrigado.

P: Calma, jovem.

A: Tem mais?

P: Ainda não finalizei. Você já estudou os advérbios interrogativos?

A: Ainda não.

P: Então vamos dar uma olhada. Os advérbios interrogativos vão introduzir uma pergunta na frase, mas sempre com alguma circunstância, seja de lugar, modo, tempo ou causa.

A: Entendi, professor. A pergunta é indireta ou direta?

P: Tanto faz.
Tício, onde se encontra o seu livro de português? (Lugar).
Tício, como foi a viagem? (Modo).
Tício, quando você viajará? (Tempo).
Tício, por que você não foi à festa? (Causa).
P: Finalizei a parte de advérbio, ok?

A: Ok, mestre!

CONJUNÇÕES

P: Vamos agora dar uma olhada nas conjunções.

A: Preciso decorar, professor?

P: Rapaz, pergunta polêmica.

A: Por qual motivo?

P: Se você apenas decorar e não entender o significado daquela conjunção num contexto, você vai se prejudicar. Agora, se você decorar e entender o significado de cada conjunção, aí você ficará na frente de muitos.

A: Entendi, mestre, preciso decorar e entender o significado, não é?

P: Perfeito! Vou continuar, ok?

A: Ok, mestre.

P: Conjunção é a classe de palavras que vai unir elementos.

A: Eu sei! Liga apenas orações.

P: Cuidado, não só orações, como também termos com mesmo valor gramatical.

A: O senhor pode dar um exemplo?

P: Claro!

Ex: Ele comprou um livro e um brinquedo. A conjunção "e" está ligando o termo livro e brinquedo.

Ex: Ele comprou o livro, porém não gostou. A conjunção "porém" está ligando duas orações e ao mesmo tempo dá uma relação de adversidade.

A: Entendi, mestre. Há classificações?

P: Com toda certeza! As conjunções podem ser coordenativas ou subordinativas.

A: Entendi, estou anotando.

P: As conjunções coordenativas podem ser aditivas, adversativas, alternativas, conclusivas ou explicativas.

A conjunção aditiva dá uma ideia de adição.
Principais: E, nem, mas também, mas ainda, como também, bem como, não só... como também.

Ex: Pedro comeu um bolo, como também bebeu dois copos de refrigerante.

A conjunção adversativa dá uma ideia de contradição.
Principais: Mas, porém, contudo, entretanto, no entanto, todavia, não obstante.

Ex: Ganhei um celular, mas não era o que eu queria.

A conjunção alternativa dá uma ideia de alternância.
Principais: Ou, ou... ou, ora...ora, quer...quer, seja...seja.

Ex: Ou você come ou você não vai.

A conjunção conclusiva dá uma ideia de conclusão.
Principais: Logo, portanto, então, por isso, pois (depois do verbo e entre vírgulas), por conseguinte, assim.

Ex: A vida é passageira, logo aproveite bastante.

A conjunção explicativa dá uma ideia de explicação.
Principais: Porque, que= porque, pois (antes do verbo), porquanto.

Ex: Não pule, porque você vai cair.

Entendeu que existe o significado de cada conjunção?

A: Entendi, mestre.

P: Podemos continuar?

A: Podemos. Vamos ver as conjunções subordinativas?

P: Isso mesmo! As conjunções subordinativas podem ser substantivas ou adverbiais. As conjunções subordinadas substantivas introduzem orações com funções de substantivo. Por exemplo, função de sujeito, objeto direto, objeto indireto, predicativo, aposto ou complemento nominal.

A: Não entendi nada, mestre.

P: Claro, você ainda vai estudar sintaxe. O estudo das conjunções já seria um preparativo para estudar período composto.

A: Entendi, mestre.

P: Vou colocar aqui as principais conjunções subordinativas.

A: Ok, mestre.

P: Que ou se.

A: Não entendi.

P: As conjunções que irão iniciar as orações substantivas serão as conjunções que ou se.

A: Sério?

P: Conjunções, sim.

A: Entendi.

P: Você vai chamar de conjunções integrantes.

A: Ok. Mestre.

P: Vou colocar uma lista de conjunções adverbiais.

A: Ok, Marcos.

Causais = causa, motivo ou razão.	Visto que, já que, uma vez que, que, porque, pois.
Condicionais = hipótese ou condição	Se, caso, contanto que, desde que, a não ser que.
Comparativas = ideia de comparação	Que, do que, como.
Concessivas = fato contrário, obstáculo.	Embora, mesmo que, posto que, se bem que, apesar de que, por mais que, por menos que.
Conformativas = concordância, conformidade.	Segundo, conforme, consoante, como.
Consecutivas = Consequência.	Que, de modo que, de maneira que.
Temporais = ideia de tempo.	Enquanto, quando, logo que, assim que, antes que, sempre que.
Proporcionais = Ideia de proporção.	A medida que, à proporção que, quanto mais, quanto menos.
Finais = Ideia de finalidade.	A fim de que, para que, que.

P: Agora é com você, sempre dê uma olhada nas conjunções. Ok?

A: Ok, professor. Vou sempre revisar.

PREPOSIÇÕES

P: Vamos dar uma olhada nas preposições.

A: O que é preposição?

P: Preposição é uma palavra que liga termos, por isso que ela é conhecida como conectivo. Lembra muito as conjunções, não é?

A: Existe diferença, mestre?

P: Existe sim!

A: Como vou diferenciar?

P: Muito fácil! Você precisa decorar as preposições, são poucas. Ok?

A: Ok, mestre.

P: As preposições podem ser essenciais ou acidentais.

A: O senhor poderia defini-las?

P: Claro, você precisa decorar, ok ?

A: Quais são?

P: Vou colocar uma tabela.

A	Ante	Após	Até	Com	Contra	De	Desde	Entre	Para
Perante	Per	Por	Sem	Sob	Sobre	Trás			

A: Posso decorar?

P: Deve.

A: E as preposições acidentais?

P: As preposições acidentais são palavras que não funcionam exclusivamente como preposições.

A: Não entendi.

P: Ok. Vou explicar.
P: A palavra "conforme" pode ser uma conjunção conformativa ou pode ser uma preposição. Logo, a palavra não funciona, exclusivamente, como preposição. Entendeu?

A: Entendi. Diferente das essenciais, não? Que sempre serão preposições?

P: Isso! Agora você entendeu perfeitamente.

A: O senhor poderia dar exemplos de preposições acidentais?

P: Claro. Vou colocar algumas, ok?

Afora	Como	Conforme	Consoante	Exceto	Fora	Segundo	Malgrado

P: Exemplo: Segundo o Jornal, várias pessoas ficaram feridas (Conformidade).

Exemplo: Durante o discurso, pessoas dormiram (Tempo).

Exemplo: Malgrado a ordem do pai, o filho comprou um carro (Concessão). Analisando semanticamente as preposições, elas possuem um valor muito importante.

A: Muitos significados?

P: Isso!
P: Vou especificar a preposição de, pois é a preposição que mais causa confusão.

Origem	Cheguei da casa dos meus tios.
Função	Máquina de Barbear
Medida	O quarto de 1 m^2
Causa	Morreu de tuberculose.
Meio	Viajei de carro.
Posse	O livro do aluno
Matéria	A casa de vidro.
Posição	O ideal é o apartamento da frente.

A: Só são esses sentidos?

P: Não! Há outros, coloquei os principais. As bancas adoram, tomem cuidado! Agora, já ouviu falar nas locuções prepositivas?

A: Já, mestre. Porém, queria que o senhor explicasse melhor.

P: Ok! Locução prepositiva é um conjunto de palavras com função de preposição. Vou colocar uma listinha para você.

A: Ok, mestre. Obrigado.

P: Por nada.

LOCUCOES PREPOSITIVAS					
Abaixo de	Acerca de	Acima de	Apesar de	Depois de	Em vez de
Graças a	Junto a	Junto com	Defronte de	Através de	

INTERJEIÇÕES

P: Para finalizar, vamos dar uma olhada nas interjeições.

A: O que seria?

P: Interjeição é uma palavra invariável que exprime emoções, sensações ou estado de espírito, como surpresa, susto, alegria e assim vai...

A: Entendi, mestre. Só tem essa função?

P: Não. Ela também pode ser usada para chamar atenção.

A: Entendi, mestre.

P: Lembre-se de que a interjeição vem com uma exclamação!

A: Sempre?

P: Nem sempre... mas sempre terá entonação.

A: Perfeito! Uma palavra pode ser Interjeição?

P: Claro. Vou dar exemplos.
Ex: Atenção! Viva!
Outros exemplos:

Eita!	Puxa!	Ah!	Ih...	Ué!

P: Entendeu?

A: Sim, mestre!

P: Interjeição não tem muito o que falar. Então, acabamos o nosso estudo das classes gramaticais. Gostou?

A: Adorei, mestre. Teremos sintaxe?

P: Sim, em breve, no volume 2.

A: Abraço, mestre. Obrigado!

P: Eu que agradeço. Aguarde a parte de sintaxe que será no volume 2.

Referências Bibliográficas

ALI, M. Said. Gramática Elementar da Língua Portuguesa. 8ª edição. São Paulo: Edições Melhoramentos, 1965.

ALI, M. Said. Gramática Histórica. São Paulo: Edições Melhoramentos, 1964.

ALMEIDA, Napoleão Mendes de. Gramática Metódica da Língua Portuguesa. 46ª edição. São Paulo: Editora Saraiva, 2009.

BASÍLIO, Margarida. Formação e Classes de Palavras no Português do Brasil. 3ª edição, 5ª impressão. São Paulo: Editora Contexto, 2021.

BECHARA, Evanildo. Lições de Português pela Análise Sintática. 19ª edição. Rio de Janeiro: Editora Nova Fronteira, 2014.

BECHARA, Evanildo. Moderna Gramática Portuguesa. 39ª edição. Editora Nova Fronteira, 2019.

CADORE, Luiz Agostinho; LEDUR, Paulo Flávio. Análise Sintática Aplicada: Fundamentos de Concordância, Regência, Crase, Colocação, Pontuação e Significado. 5ª edição. Porto Alegre: AGE, 2018.

CEGALLA, Domingos Paschoal. Novíssima Gramática da Língua Portuguesa. 49ª edição. São Paulo: Companhia Editora Nacional, 2020.

CUNHA, Celso; CINTRA, Lindley. Nova Gramática do Português Contemporâneo. 7ª edição, 4ª impressão. Editora Lexikon, 2016.

FIORIN, José Luiz; SAVIOLI, Francisco Platão. Para Entender o Texto: Leitura e Redação. 17ª edição. São Paulo: Editora Atica, 2007.

GARCIA, Othon M. Comunicação em Prosa Moderna. 27ª edição. Rio de Janeiro: FGV Editora, 2022.

GONCALVES, Carlos Alexandre. Iniciação aos Estudos Morfológicos: Flexão e Derivação em Português. São Paulo: Editora Contexto, 2021.

GONCALVES, Carlos Alexandre. Morfologia. 1ª edição. Editora Parábola, 2019.

HAUY, Amini Boainain. Gramática da Língua Portuguesa Padrão. 1ª edição. São Paulo: Editora USP, 2015.

KOCH, Ingedore Villaça; ELIAS, Vanda Maria. Ler e Escrever: Estratégias de Produção Textual. 2ª edição. São Paulo: Editora Contexto, 2012.

LEDUR, Paulo Flávio. Português Prático. 15ª edição. Porto Alegre: AGE, 2015.

LIMA, Rocha. Gramática Normativa da Língua Portuguesa. 58ª edição. Editora José Olympio, 2021.

LUFT, Celso Pedro. Dicionário Prático de Regência Verbal. 7ª edição. São Paulo: Editora Atica, 1999.

MACAMBIRA, José Rebouças. A Estrutura Morfossintática do Português. Biblioteca de Educação, volume 2. 1970.

MESQUITA, Robert P. Melo; MARTOS, Cloder Rivas. Gramática Pedagógica. 18ª edição. São Paulo: Editora Saraiva, 1991.

MIRANDA, Rodrigo de Sá. Guia Alfabética e Pontuação. Lisboa: Livraria Editora Clássica, 1974.

MONTEIRO, José Lemos. Morfologia Portuguesa. 4ª edição revista e ampliada. 2002.

PESTANA, Fernando. A Gramática para Concursos Públicos. 5ª edição. Editora Método, 2022.

SACRINI, Marcus. Leitura e Escrita de Textos Argumentativos. 1ª edição. São Paulo: Editora da Universidade de São Paulo, 2020.

ANOTAÇÕES

Impressão e acabamento
Gráfica da Editora Ciência Moderna Ltda.
Tel: (21) 2201-6662